文史哲學集成

林聰舜著

向郭莊學之研究

文史哲出版社印行

向郭莊學之研究 / 林聰舜著. -- 初版 -- 臺北
市：文史哲, 民 105.01 印刷
頁; 21 公分（文史哲學集成；66）
ISBN 978-957-547-234-4（平裝）

文史哲學集成 66

向郭莊學之研究

著者：林聰舜
出版者：文史哲出版社
http:// www.lapen.com.tw
e-mail：lapen@ms74.hinet.net
登記證字號：行政院新聞局版臺業字五三三七號
發行人：彭正雄
發行所：文史哲出版社
印刷者：文史哲出版社
臺北市羅斯福路一段七十二巷四號
郵政劃撥帳號：一六一八〇一七五
電話886-2-23511028・傳真886-2-23965656

實價新臺幣三二〇元

一九八一年（民七十）十一月初版
二〇一六年（民一〇五）一月（BOD）初刷

ISBN 978-957-547-234-4 00066

序

向郭莊注，其義旨深奧淵玄，其文辭花爛映發，故自晉世以降，卽與莊書並轡而馳。後釋莊之作，雖代有所出，然向郭旣立於前，則諸家之注，譬之毛嬙、西施在御，而粉白黛綠者闇然無光彩矣，故其地位，始終未曾動搖也。至明人乃有「非郭象注莊子，乃莊子注郭象」之說（見文震孟南華眞經評注序），推尊可謂至矣。惟向郭莊注成就之高卓，歷來雖有定評，然皆各照隅隙，鮮觀衢路，故其眞正之價値與地位，仍闇而未彰。是以經由不同層面之照察，以探幽闡微，窺其全貌，補苴前人缺漏，釐淸其歷史地位，實屬必要。

其一：向郭莊注妙析奇致，大暢玄風，使時人有「莊周不死」之嘆，且千古以降，仍得與莊書並轡而行，則其於莊義之弘揚彰揭，必有超乎流俗之見者也。故如何將此精卓之見表而出之，以見向郭超拔脫俗之玄思玄智，遂爲吾人所不可忽視也。

其二：向郭之注往往曲解原說以傅合己意，此種別出心裁之論，雖未能與莊旨相脗合，然却與當時之文化、政治、社會背景息息相關，而値得探究。考魏晉玄學之興，本具否定傳統之特色，惟其否定之論調，本爲激於世變使然，吾人必需透過其所否定者以探究其肯定之所在，方能領契其學說之正面意義也。向郭莊注多綜合之論，肯定多元之價值，則其所透露之訊息，正可引導吾人遙契當時之時代心靈也。故釐清向郭與莊子義理之分際，以凸顯其各自之勝場，並由向郭莊注之獨特處，窺探其理論所蘊涵之時代心靈，則對魏晉玄學、對向郭莊注，當能有更深刻之體認，此亦爲吾人所不可忽視者也。

其三：魏晉於吾國文化之衍變過程中，爲一峯廻路轉之時代，繁雜、質實之漢代哲學，至此「潦水盡而寒潭清」，一變而爲超脫、虛靈之玄學。玄學之發展，若相應於文化之主流而言，顯爲一種歧出，而此歧出，接引上西來之佛法，遂形成爾後中國文化之大開大闔。在此發展中，向郭莊注「妙析奇致，大暢玄風」，一面綜合前說，將植基於本土文化之玄學推展至最高峯；一面則擁彗先驅，爲爾後佛學之發揚光大於中土奠基鋪路，則其於魏晉六朝之思想流變上，位居承先啓後之樞紐地位，固無可疑也。因而，如何闡明向郭莊注承先啓後之歷史地位，以釐清魏晉玄學流變之關鍵，遂亦爲吾人所不容忽視也。

斯篇之作，卽循上列之綱領而鋪陳。全文凡九章：首章緒論，旨在說明向郭莊注在莊學上之地位，暨其獨立於莊書之價值。次章本知人論世之旨，敍向、郭之生平，並對聚訟千年之盜莊疑案略作平議。三章由「基源問題」追溯向郭莊注產生之因緣，以探討當時環境對向郭之挑戰，暨向郭之意識透過莊注所表現之回應。四章至七章分別敍述向郭莊注之逍遙義、自生說、齊物觀、迹與冥論，探討向郭莊注主要義旨之淵源、內容、意義，並釐清其與莊義之分際。其中逍遙之境界爲向郭最高之人生理想，「適性卽逍遙」乃向郭莊注最基本之觀念，其義旨可貫串於全篇，故首標之；而「自生說」則爲莊注之理論基礎，故次之；至於「齊物觀」、「迹與冥論」乃適性觀念之引申，故分別列於六、七章，明此諸義，則向郭莊注之特質顯然可觀矣。八章述向郭莊注對格義時期般若學之影響，以見佛法之弘揚於中土，向郭實有擁篲先驅之功，而向郭莊注承先啓後之樞紐地位，亦於焉可見也。末章爲結論，就向郭莊注之理論得失、歷史地位作一總評。

夫向郭莊注，辭清旨遒，奇趣橫生，諸家之注，罕與倫比。余雖寄望發潛闡幽，窺其全貌，然臨文之際，常恐思慮之不周，以失先哲之高致。幸蒙黃師　錦鋐諄諄宣示，反覆琢磨，乃克成篇，惟罣漏之處，猶恐不免也。碩學先進，幸敎正之。

林聰舜　民國七十年五月謹序於台北

向郭莊學之研究　目次

第五章　向郭之自生說

第一章 緒論

第一節 向郭莊注之地位

莊子之學，夙稱難治，此固因其思想義趣太高，莊語恣言，恐不入於俚耳，又其中往往有託物寓意之思，洸洋怪誕之詞。莊子往往以其不容自已之藝術情懷，發爲文章，隨興之所至，無視於一般文法，其意境之妙，眞所謂「羚羊掛角，無迹可尋」也。加以僞作羼入，內容駁雜，益添瞭解之困難。故去莊生未遠之太史公，對莊子思想之評論已令人費解（註一），而後世注家，或釋之以清談，或解之以儒說，或援引之以入佛，或傅會之以修鍊，遂使漆園之心，不可得解。

莊注之作，旣紛然雜陳，然求其精奧淵深，專擅百代者，則莫如向郭之注。魏晉之世，莊學大盛，名家輩出，然向郭莊注，「妙析奇致，大暢玄風」，則於當世，已享盛名（註二）。降及唐代，經陸德明之「釋文」，成玄英之「義疏」，向郭莊注之地位，益形穩固，雖解莊者代有其人，然向郭居高龍斷之地位，未曾動搖。

明人推崇向郭莊注，更不遺餘力。焦竑「焦氏筆乘」於所引竹林七賢論「秀爲此義，……皆悵然有振拔之情矣。」並云：

> 今觀其書，旨味淵玄，花爛映發，自可與莊書並轡而馳，非獨注書之冠也。嗣後解者數十家，如林疑獨、陳詳道、黃幾復、呂惠卿、王元澤、林希逸、褚秀海、朱得之諸本，互有得失，然一覩子玄，奚啻蓋壤。希逸乃曰：欲爲南華洗去郭、向之陋，不知陋之一言，竟誰任之。

馮夢禎「序歸有光南華眞經評注」亦云：

> 注莊子者，郭子玄而下凡數十家，而精奧淵深，其高處有發莊義所未及者，莫如子玄氏。蓋莊文日也，子玄之注月也，諸家繁星也，甚則爝火螢光也。……昔人云：「非郭象注莊子，乃莊子注郭象。」知言哉！余故進之與莊子等也。

文震孟「序南華經評注」亦云：

> 自晉宋清談熾盛，……獨郭象注流傳至今，而說者猶謂莊子注郭象也。夫惟莊子注郭象，象注所以傳，若使郭注莊子，則吐棄時賢久矣。

以上諸家之評，極其至，乃以郭注猶勝於莊子，推尊雖未免過當，然向郭莊注之高卓，已表露無餘。此種地位，至今猶然。向郭莊注遂成爲莊子哲學之無上詮釋者，爲後人研讀莊子之指針，影響至鉅。

第二節　向郭莊注之性質

向郭莊注成就之高，雖居所有莊注之上，後人研讀莊子，唯向郭之馬首是瞻，然吾人若僅憑向郭莊注之引導，是否能正確無誤契入莊子之思想，殊堪探討。蓋魏晉之世，學尚玄遠，「不以辭害意」既成注解古籍之通則，思想言論乃較自由，新說新解遂時出焉。朱子曰：

> 自晉以來，解經者却改變得不同，如王弼郭象輩是也。漢儒解經，依經演繹。晉人則不然，舍經而自作文。（註三）

近人湯用彤亦云：

> 魏晉注疏恆要言不煩，自抒己意。……至若隨文作注，亦多擇其證成己意處，會通其指略，未必全合於文句。故向秀觀書鄙章句（顏延年五君詠），陶淵明好讀書，不求甚解，每有會意，欣然忘食（五柳先生傳）。（註四）

「舍經而自作文」、「多擇其證成己意處，會通其指略」既成魏晉人注書之風尚，向郭承此潮流，其莊注遂不重文字訓詁，不守章句（註五）。且於義理之發揮，亦往往別出心裁，自作解人，而未能一一與莊旨相脗合。故其智思雖對莊子若干原義之闡發，有卓越之貢獻。然由於其若干別出心裁之觀念對莊義之歧出，亦往往遮蔽漆園之原來面目，使是非不分、眞假難辨，徒增後人讀莊之困難。

由上可知，向郭莊注固有其高卓出衆之價値，然若視之爲契入莊子思想堂奧之跳板，則其功效殊堪懷疑。吾人若粗分注書爲主觀注與客觀注，則向郭莊注正屬自抒己意之主觀注法也。然正由於其扭曲莊子之本來面目，反足以凸顯其獨特之勝場，明人「莊子注郭象」之語，此之謂也。

向郭莊注既屬主觀注法而有其獨特之思想，則吾人視之爲一獨立著作加以探究可也。

【附　註】

註一：見史記老莊申韓列傳。

註二：對向郭莊注之評價，世說新語、竹林七賢論、向秀別傳、文士傳、晉書等均有記載。詳見第二章第一節。

註三：見朱子語類卷六七。

註四：見魏晉玄學論稿，頁二八。

註五：逍遙遊篇注云：「達觀之士，宜要其會歸，而遺其所寄，不足事事曲與生說。自不害其弘旨，皆可略之耳。」

第二章　向郭之生平暨莊注疑案

第一節　向郭之生平

向郭同爲莊學大家，其莊子注且前後相承，義理一致，然其生平志事、個人遭遇却不盡相同。吾人若承認思想之表現與個人之人格、處境息息相關，則如何解釋彼等莊學思想與其人格、處境之相應關係，實爲一大問題。否則，不同之個人，却有相同之思想表現，寧非怪哉！而其莊注亦將祇成孤懸人生外之戲論也。於此問題，合理之解釋當爲：

(1)、注莊本身爲一哲理之欣趣，而非宗教之寄託，其哲理僅能反映彼等之心靈感受，然不能決定彼等之進退趨捨，故向郭二人，可有不同之生命形態。

(2)、莊注所特別標擧之理論，如「適性」、「獨化」等，涵蓋面極大，可使各種形態之人「各取所需」，因而不僅可反映個人之獨特心靈，亦可反映時代之心靈，而「大暢玄風」，故郭象與向秀之生命形態雖不盡相同，亦可襲用同一理論，「述而廣之」也。

(3)、向郭之進退趨捨，就其表面觀之，亦有部分雷同。如秀本「有箕山之志」（註一），象少時「州郡辟召不就，常閒居。」（註二），然皆旋又出仕，此種隱仕無常之舉動，動機雖未必一致，然皆易落人口實（註三），而須有一理論上之疏解，以杜外界悠悠之口，並撫慰自己內心之矛盾。此種相同之感受，反映於莊子注，亦使向郭二人之理論趨於一致。

明乎此，則莊注之義理系統雖大致肇始於向秀，然因其涵蓋面極廣，故可同時代表向、郭之思想，並反映當時之時代心靈。而吾人對向郭二人之行誼，亦皆不可忽視也。

甲、向秀

(1)、生平

向秀字子期，晉河內懷人，少時卽懷不羈之志（註四），本無意於仕途。世說言語篇注引秀別傳曰：

少爲山濤所知，又與譙國嵇康、東平呂安善，並有拔俗之韻。其進止無固必，而造事營生，業亦不異。常與嵇康偶鍛於洛邑，與呂安灌園於山陽，不慮家人有無，外物不足怫其心。

是嵇康、呂安爲秀之密友。後二人之遭遇影響子期之出處頗大（註五）。關於秀與康、安交往之事，文選、晉書並有記載。文選卷十六，秀「思舊賦序」云：

余少與嵇康、呂安居止接近，其人並有不羈之才。

晉書向秀傳亦云：

康善鍛，秀爲之佐。相對欣然，旁若無人，又共呂安灌園於山陽。

後康、安被誅，秀懼禍，乃入仕京師。秀別傳載：

康被誅，秀遂失圖，乃應歲擧到京師，詣大將軍司馬文王。文王問曰：「聞君有箕山之志，何能自屈？」秀曰：「常謂彼人不達堯意，本非所慕也。」一坐皆悅。

晉書向秀傳亦有類似之記載。由「康被誅，秀遂失圖」可知秀之入洛，本非初衷。世說言語篇載『司馬景王取上黨李喜以爲從事中郞，因問喜曰：「昔先公辟君不就，今孤召君何以來？」對曰：「先公以禮見待，故得以禮進退。明公以法見繩，喜畏法而至也。」』觀此，則其中消息可知矣。故秀後頗思曩昔遊宴之好，作「思舊賦」以懷康、安。後爲散騎侍郎，轉黃門侍郎、散騎常侍，在朝不任職，「容迹而已」，卒於位。

(2)、著述

秀之著述，可考者有莊子注、儒道論、周易注、難嵇叔夜養生論。儒道論爲弱冠所著，棄而不錄（註六），故不復論。周易注於隋、唐志已不見著錄，則亡佚已久。馬國翰玉函山房輯佚書輯有數條，然皆無關宏旨，無法藉此窺其識見。秀別傳評曰：「大義可觀，而與漢世諸儒互有彼此，未若隱莊之絕倫也。」是秀之注易，不如注莊之高卓也。晉書向秀傳曰：

向秀，……清悟有遠識。……雅好老莊之學。莊周著內外數十篇，歷世方士，雖有觀者，莫適論其旨統也，秀乃爲之隱解，發明奇趣，振起玄風。讀之者超然心悟，莫不自足一時也。

世說新語文學篇「向秀於舊注外為解義，妙析奇致，大暢玄風」句，劉注引秀別傳曰：秀與嵇康呂安為友，趣舍不同。嵇康傲世不羈，安放逸邁俗，而秀雅好讀書。二子頗以此嗤之。後秀將注莊子，先以告康、安。康、安咸曰：書詎復注？徒棄人作樂事耳。及成，以示二子。康曰：爾故復勝不？（按：此句當為秀問語，「康」當依晉書屬下。）安乃驚曰：莊周不死矣。由秀之「雅好讀書」，知秀實甚沈潛內斂，益以其超人之玄智，故能於莊子沈潛往復，獨得玄珠，而得「妙析奇致，大暢玄風」也。惟此處當留意者，即秀之「難嵇叔夜養生論」，辭旨甚為卑俗，致後人有以此論釋向郭之莊注，而謂莊注大意之所宗，率不離向秀之難嵇康者（註七）。此實不然，蓋秀所以難康之「養生論」，是否如秀傳所言「蓋欲發康之高致也」雖已不可考，然觀秀之莊注撰成，康、安驚曰：「莊周不死矣。」則可推知莊注之旨，已非難養生論之義，而能達於「高致」也。否則嵇、呂何由震驚讚賞乎！

此外，世說新語文學篇注引秀本傳云：

或云秀遊託數賢，蕭屑卒歲，都無著述，唯好莊子，聊隱崔譔所注，以備遺忘云。

據此，則秀之莊注似有所源於崔注。吾人就釋文所引崔譔注與向秀注比而觀之，其間相同、相近者甚夥，則秀本傳之言恐非無根（註八）。然細觀之，則秀注有所承襲者，皆無獨特之意義，故知秀「為之隱解，發明奇趣，振起玄風」之功，大抵出於己力而無關於崔譔也。

向之莊注，亡佚已久。陸德明經典釋文敍錄謂向秀注有二十卷，二十六篇（註九）。隋書經籍志雖錄有向秀注本二十卷，然云：「今闕。」舊唐書經籍志、新唐書藝文志又著錄有莊子向秀注二十卷，然是否爲劉煦等所見，則大有疑問。宋初王堯臣等所編之崇文總目已僅載郭注而不及向注，尤袤遂初堂書目亦不載向注，宋末陳振孫直齋書錄解題卷九亦僅錄郭注，並注云：「向義今不傳，但時見陸氏釋文。」是向注至遲於宋世已亡佚。惟向注雖亡，然「向郭二莊，其義一也。」則向注之義理玄旨，猶可附郭注以傳世，可謂雖亡而猶存也。

乙、郭象

(1)、生平

郭象，字子玄，晉河南人（註一〇），少有才理，好老莊，有辯才，早歲已露鋒芒而富聲譽，時人以王弼、庾子嵩比之。晉書郭象傳云：

郭象字子玄，少有才理。好老、莊，能清言，太尉王衍每云：「聽象語如懸河瀉水，注而不竭。」

庾敳傳云：

豫州牧長史河南郭象，善老、莊，時人以爲王弼之亞。敳甚知之，每曰：「郭子玄何必減庾子嵩。」

觀此，則知象之才學非但能見稱於時，且深獲王衍、庾凱之賞識，此與象雖出身寒門，然可得意於官場，恐有相當關係。

象之早晚期生活頗不一致，早期自甘淡泊。晉書本傳謂「州郡辟召不就，常閒居，以文論自娛。」然後期作風大變，郭象傳云：

後辟司徒掾，稍至黃門侍郎。東海王越引爲太傅主簿，甚見親委，遂任職當權，熏灼內外，由是素論去之。

此種生活態度，當影響及其注莊之態度。惟彼雖官運亨通，然其政績事蹟皆不可詳考，觀本傳「由是素論去之」，世說文學篇「郭象者，爲人薄行。」之語，則殆非清流之輩。然居亂世，苟全生命殊爲不易，吾人亦不必深責之也。

(2)、著述

郭象之著述頗豐，然除莊子注外，大抵均已亡佚，玆依隋書經籍志等古籍之記載，錄之如下：

莊子注：三十三卷，三十三篇。（內篇七，外篇十五，雜篇十一，爲音三卷。）陸德明經典釋文敍錄著錄（註一一）。

郭象集：二卷。隋書經籍志著錄。隋志並云：「梁五卷，錄一卷。」又舊唐書經籍志、新唐書藝文志皆云：「五卷。」

論語體略：二卷。隋書經籍志、舊唐書經籍志、新書書藝文志皆有著錄。

論語隱：一卷。隋書經籍志云：「梁有論語隱一卷，郭象撰，亡。」

致命由己論：文選劉孝標「辯命論」，李善注云：「郭子玄作致命由己論，言吉凶由己。」

以上著述，除莊子注外，今已不存。僅論語體略尚有數條散見於皇侃論語集解義疏，馬國翰玉函山房輯佚書輯有九條，大抵不脫玄宗之論（註一二）。莊子注蓋因「最有清辭遒旨」（註一三），故得流傳至今。惟據吳士鑑、劉承幹「晉書斠注」云：

考劉孝標世說注引逍遙遊向、郭意各一條，今本無之。讓王篇郭象惟注三條，漁父篇惟注一條，盜跖篇惟注三十八字，說劍篇惟注七字，似不應簡略至此，疑有所脫佚。（註一四）

則今本郭象莊子注恐非原貌。然其中大部分尚能完整流傳至今，而足以代表郭象之思想也。此外，郭象之莊子注，後人議論頗多，以爲竊自向秀，然亦有爲其辯白者，眞況如何，當於下節條述。

第二節　向郭莊注之疑案

甲、問題之起源暨發展

郭象莊子注竊自向秀之說，由來已久。世說新語首發其端，文學篇云：

初，注莊子者數十家，莫能究其旨要。向秀於舊注外爲解義，妙析奇致，大暢玄風；唯秋水、至樂二篇未竟而秀卒。秀子幼，義遂零落，然猶有別本。郭象者，爲人薄行，有儁才，見秀義不傳於世，遂竊以爲己注；乃自注秋水、至樂二篇，又易馬蹄一篇；其餘衆篇，或點定文句而已。後秀義別本出，故今有向、郭二莊，其義一也。

世說新語本屬摭拾舊聞而成，非嚴肅之史書；其記事成失之誇張，故史通已謂其不符「實錄」（註一五），故此種記載實不足爲憑。然此說後幾全爲晉書郭象傳所承襲（註一六），僅於文句略加改易，且斷之爲：

竊人之財，猶謂之盜；子玄竊譽攘善，將非盜乎？

然同書向秀傳所記略有差異：

向秀字子期，河南懷人也。淸悟有遠識，少爲山濤所知。雅好老莊之學。莊周著內外數十篇，歷世方士，雖有觀者，莫適論其旨統也。秀乃爲之隱解，發明奇趣，振起玄風。談之者超然心悟，莫不自足一時也。惠帝之世，郭象又述而廣之，儒墨之迹見鄙，道家之言遂盛焉。

晉書之言，一則云象「點定文句而已」，一則主象「述而廣之」。若「述而廣之」之言，不僅指「自注秋水、至樂二篇，又易馬蹄一篇」而言，則晉書向、郭二傳之言，文義出入頗大。今向注已佚，無法詳加比較，而晉書所載雖可能隱含重大之歧異，大抵淸以前之學者，多循世說新語暨郭象傳之記載，主郭象莊注竊自向秀之說而無異議。其主要各家如下：

高似孫　子略卷二。（百川學海本）

王應麟　困學紀聞卷十。（四部叢刊本）

焦　竑　筆乘卷二。（粵雅堂叢書本）

胡應麟　四部正譌，少室山房筆叢卷三十。（廣雅叢書本）

謝肇淛　文海披沙卷二。（上海申報館鉛印本）

陳繼儒　續狂夫之言卷四。（寶顏堂祕笈本）

王　昶　春融堂集卷四三。（塾南書舍本）
袁守定　佔畢叢談卷五。（乾隆刊本）
陸以湉　冷廬雜識卷四。（咸豐刊本）
顧炎武　日知錄卷十八。
劉蕺山　人譜類記卷五。

然各家所列證據，皆嫌薄弱。其最大證據，不外乎焦氏筆乘所云：「世說去晉未遠，當得其實。」及春融堂集所云：「史稱東海王越引象爲太傅主簿，權熏灼內外，由是素論去之，然象固非能注莊者。」其餘各家，僅相與祖述世說、晉書之言，更不足論。故業師黃錦鋐先生駁之曰：

然據此兩條，實不足以爲郭象盜自向秀之證，蓋古代冒名頂替者多，同時代之人且有不實之言，「去晉未遠」實不足以爲據。王昶所謂以郭象行薄，「爲太傅主簿。權熏灼內外，由是素論去之」則爲謂其固非能注莊者，殊失之武斷，「權熏灼內外，素論去之」與「注莊」固爲兩事，不可混爲一談。（註一七）

入清之後，始有持反對之說者，錢曾首發其難，其「讀書敏求記」卷三云：

予覽陸氏釋文引向注者非一處，疑秀尚有別本行世。時代遼遠，傳聞異詞，晉書云云，恐未必信然也。

晉書之言，雖「多採小說」、「以此書事，奚其厚顏。」（註一八）而爲「稗官之體」（註一九）。

然錢氏所持之理由則仍嫌薄弱。故四庫全書總目提要卽針對錢說，就經典釋文、列子張湛注所引之向秀注與現行之郭象注對驗，由其雷同之處甚多，證實象竊秀注之說，並下斷語云：

是所謂竊據向書，點定文句者，殆非無證。……錢曾乃曲爲之解，何哉？（註二〇）

四庫提要所用之法甚佳，然僅偏就雷同處立論，亦未能曲盡其蘊。故隨後王先謙莊子集解、吳承仕經典釋文敍錄疏證等，皆曾爲郭象辯誣。然凡此諸種辯白，皆提不出確切之反證，或僅表示其懷疑之態度，或則涉及彼此觀點之歧異，實未能服人之心。故其辯白，正如楊明照氏所言：「皆鑄辭簡潤，弗之詳論。」因而莊注之作者問題，仍懸而未決。

惟此問題經近人不斷之考辨，雖仍有異說，實際情況，已漸趨明朗，其著者除前舉黃師「關于莊子向秀注與郭象注」之大文外，茲以年代先後順序列之如下：

武內義雄　莊子考（見「先秦經籍考」，江俠菴編譯。）
劉盼遂　中郭象注莊子不盜向秀義（文字同盟第十號）
湯用彤　向郭義之莊周與孔子（見「魏晉玄學論稿」）
楊明照　郭象莊子注是否竊自向秀檢討（燕京學報第二十八期）
壽普暄　由經典釋文試探莊子古本（同上）
錢　穆　記魏晉玄學三宗（見「莊老通辨」）
王叔岷　莊子向郭注異同考（中央圖書館館刊復刊第一卷第四號）

侯外廬　向秀與郭象的莊注疑案與莊義隱解（中國思想通史卷二第十六章）

何啓民　向秀研究（見「竹林七賢研究」）

張　亨　莊子注的作者問題（見「漢學論文集」）

以上諸家之文，所輯錄秀注之來源，大抵已不限於列子張注與經典釋文，而廣及古注與類書中之秀注，搜羅可謂完備（註二一）。且比較之範圍已擴及廣泛之層面。經此一再考辨，其實際眞相，已昭然若揭，雖則各家結論尙未一致，然「只不過是觀點上之差異，並沒有多少實質上的分別」（註二二），故本文不擬再逐一縷述，謹綜合諸家之說於後，期有利於吾人對向郭莊學之探究云爾。

乙、史料暨作者才德之問題

前已言及，世說、晉書之記載，皆有摭拾舊聞、失諸浮誇之嫌，且晉書依違兩可，若無其它佐證，實不可貿然採信，故凡以世說、晉書所載之言爲立論根據者，不論其觀點爲何，實皆屬無根之臆測而不足採信。黃師所謂『同時代之人且有不實之言，「去晉未遠」實不足以爲據』是也。

此外，郭象之德行、才學，亦恆爲論者引爲是否涉及盜莊之根據。或者據世說新語「有儁才」，文士傳「最有清辭遒旨」、「託志老莊，時人咸以爲王弼之亞」，晉書本傳「少有才理，好老莊，能清言」諸評語，推論其無有偸竊向注之理（註二三）。或者據世說新語「郭象者，爲人薄行」，晉書本傳「東海王越引爲太傅主簿，甚見親委，遂任職當權、熏灼內外，由是素論去之」諸評語，推論「然則象固非能注莊者。」（註二四）此兩種截然不同之推論，實則皆缺乏有力之證據，前提既不牢靠，結論亦顯軟弱。黃師所謂『王昶所謂以郭象行薄「爲太傅主簿，權熏灼內外，由是素論去之。」則爲謂其固非能注莊者，殊失之武斷，「權熏灼內外，素論去之」與「注莊」固爲兩事，不可混爲一談。』之評，雖爲針對後者所作之批判，實亦兼可駁斥二者之說。蓋以郭象之德行、才學爲其是否盜莊之證據，實嫌論之太過，「殊失之武斷」、「固爲兩事，不可混爲一談」也。

由以上之論述，可知欲由歷史記載或郭象之才德推測莊注之作者問題，將屬「勞而少功」。

丙、卷帙文句異同之問題

向注本莊子今雖亡佚，無法與郭注本詳細對勘，然其卷帙編次，今猶得窺其大略；而其篇章字句，亦有遺文可尋。大抵而言，向郭二本，頗有差異。

(1)篇卷異同之問題

隋書經籍志卷三子部道家類載：

莊子二十卷　晉散騎常侍向秀注，本二十卷，今闕。

莊子三十卷，目一卷　晉太傅主簿郭象注。梁七錄三十三卷。

經典釋文敍錄備列所引各家篇卷，謂莊子：

向秀注　二十卷，二十六篇〔一作二十七篇，一作二十八篇，亦無雜篇，爲音三卷（註二五）〕。

郭象注　三十卷，三十三篇（內篇七，外篇十五，雜篇十一，爲音三卷）。

由上所載，可知向、郭二注本，除內篇篇數相稱外（註二六），其餘之全書卷數、篇數，外篇篇數，雜篇之有無（註二七）等差異，皆甚顯然。

(2)文句異同之問題

向郭二本之各篇文句，亦有多寡之別，如：

逍遙遊篇「聾者無以與乎鐘鼓之聲」下，釋文引向本，尚有「眇者無以與乎眉目之好夫，刖者不自爲假文屨夫」二十字，郭本無之。

大宗師篇「蘧然覺」下，釋文引向本，尚有「發然汗出」四字，郭本無之。（註二八）

此外，二本之字有別異者，亦俯拾卽是，如：

人間世篇「而目將熒之」，釋文「向崔本作營」。又「絕迹易无」，釋文「向崔本皆以无字屬下句」。又「氣息茀然」，釋文「向本作詭器」。又「以爲棺槨則速腐」，釋文「向崔本作數」。

大宗師篇「天而生」，釋文「向崔本作失而生」。

馬蹄篇「剔之」，釋文「向崔本作鬄」。

豹窺一斑，鼎嘗一臠，向、郭二本之篇卷、文句之差異，既如此顯然，則郭本非全盤竊自向本，當可斷定，其眞相當如象於莊子後序（註二九）中所述，乃據巧雜迂誕，龍蛇並御之古本莊子删移輯訂而成，向本乃爲郭所參照耳。正文郭象既有大量取捨，則注文當亦有所改定，明乎此，則世說所載，象「其餘衆篇或點定文句而已」，亦可推知絕非實情矣。然吾人亦僅能據此而對世說所載略作修正，郭象竊向注之實情，則仍有待更深入之考證。

丁、辭義異同之問題

向秀解莊之佚文，依王叔岷先生之搜羅，凡有一三八條（註三〇）。中有四八條爲郭注所無，故略而不計，其有郭注可資比勘者，凡九十條。茲依壽普暄、楊明照、王叔岷諸人之法，分爲以下三類：

第一類　向注與郭注同者

第二類　向注與郭注近者

第三類　向注與郭注異者

由於標準寬嚴各異，諸家分類頗有出入，然因此種出入，無礙於本文對莊注作者問題之處理，故不擬一一羅列，僅就其大略而言：

第一類：楊明照氏輯四七條，王叔岷氏輯二八條。如：

齊物論「而獨不見之調調，之刁刁乎？」

向注（釋文引）：調調刁刁，皆動搖貌。

郭注：調調刁刁，動搖貌也。

養生主「臣以神遇」

向注（釋文引）：闇與理會，謂之神通。

郭注：闇與神會。

應帝王「鄭人見之，皆棄而走。」

向注（列子黃帝篇張注引）：不喜自聞死日也。

郭注：不熹自聞死日也。

應帝王「食豕如食人。」

向注（列子黃帝篇張注引）：忘貴賤也。

郭注：忘貴賤也。

繕性「心與心識。」

向注（釋文引）：彼我之心，競爲先職矣。

郭注：彼我之心，競爲先職，無復任性也。

達生：「彼得全於酒而若是」

向注（列子黃帝篇張注引）：醉故失其所知耳，非自然無心也。

郭注：醉故失其所知耳，非自然無心者也。

依此類向郭注之對照，郭象莊注襲用向注之迹實甚爲明顯。且襲用之程度已不限於其「義」，並其「辭」亦因襲之也。是則郭象出於有意之抄襲實不容諱言。楊明照氏云：「或解詁相合，或持論不殊；同心同理，何若是之巧耶？」斯爲的論。

第二類：楊明照氏輯十五條，王叔岷氏輯三二條。如：

逍遙遊「海運則將徙於南冥。」

向注（釋文引）：非海不行，故曰海運。

郭注：非冥海不足以運其身。

養生主「已而爲知者，殆而已矣。」

向注（雲笈七籤三二養性延命錄引）：已困於智矣，又爲以攻之者，又殆矣。

郭注：已困於知，而不知止，又爲知以救之，斯養而傷之者，眞大殆也。

人間世「時其飢飽，達其怒心。」

向注（列子黃帝篇注引）：達其心之所以怒而順之也。

郭注：知其所以怒而順之。

胠篋「夫啍啍之意。」

向注（敦煌本釋文引）：啍啍，以智誨人之貌。

郭注：啍啍，以己誨人也。

繕性「謂之倒置之民。」

向注（釋文引）：以外易內，可謂倒置。

郭注：營外虧內，其倒置也。

就此類注文比勘而言，其「辭」雖略有更動，然其「義」大抵無別。此類之注，大抵與第一類無別，乃郭象出於有意之抄襲而略加修改者也。故楊明照氏謂「雖說解有殊，而旨趣則近，同的放矢，所距固不遠也。」吾人若合一、二兩類之注文比觀之，則郭象抄襲之迹，更彰彰明甚也。

第三類：楊明照氏輯二七條，王叔岷氏輯三十條。如：

人間世「我其內熱與？」
向注（釋文引）：食美食者必內熱。
郭注：內熱飲冰者，誠憂患之難，非美食之爲。
應帝王「一以是終。」
向注（列子黃帝篇張注引）：遂得道也。
郭注：使物各自終。
在宥「其動也縣而天。」
向注（釋文引）：希高慕遠，故曰縣天。
郭注：動之則係天而踊躍也。

此類相異之注文，散見於逍遙遊、齊物論、養生主、人間世、大宗師、應帝王、胠篋、在宥、達生、庚桑楚、徐无鬼、外物諸篇，可見郭象注莊，於某一層面，亦自有取捨，非全盤襲取向注也。此點若合向有注而郭捨棄之注達四八則而觀，則世說新語謂象「自注秋水、至樂二篇，又易馬蹄一篇，其餘衆篇或點定文句而已。」實有過貶之嫌。然此處當分辨者，卽向郭注此種差異，僅爲某些特定文句訓解上之差異，吾人若推進一步，當可發現其背後之義理實無二致，且注文中雷同處旣夥（註三一），則此種文句訓解之部分差異，實不足掩其承襲之迹也。

戊、義理異同之問題

郭象莊注與向秀注間，雖於文句訓解有些許差異，然其基本義理若無乖背，則「向郭二莊，其義一也」，吾人研究莊注思想，即可視向郭為一體而不復加以區分也。

郭象對向秀基本義理之承襲，大抵各家均無異說，然於莊注中頗為重要之理論——自生說，始創於何人，則意見頗為分歧，或者以為此說係向、郭共有之思想，或者論定此說乃郭象所獨標之義。為確定郭象莊注承襲向注之程度，並見二注間之基本義理是否相互乖背，此問題實值得研究。齊物論「夫吹萬不同，而使其自己也」下，郭注云：

> 無既無矣，則不能生有，有之未生，又不能為生，然則生生者誰哉？塊然自生耳！自生耳，非我生也。我既不能生物，物亦不能生我，則我自然矣。自己而然，則謂之天然。天然耳，非為也，故以天言之，「以天言之」（註三二），所以明其自然也。

同篇「惡識所以然，惡識所以不然」下，郭注云：

> 世或謂罔兩待景，景待形，形待造物者。請問：夫造物者，有耶無耶？無也？則胡能造物哉？有也？則不足以物衆形。故明衆物之自物而後始可與言造物耳。是以涉有物之域，雖復罔兩，未有不獨化於玄冥者也。故造物者無主，而物各自造。物各自造，而無所待焉，此天地之正也。

此二則錄自郭注之注文，乃闡釋萬物自生、自造之重要理論，然初觀之，實難斷定為向郭共有之思想，抑或郭象所獨標之義。惟世說新語劉孝標注，列子張湛注所引子玄之說，恰與此二則注文相符。世說新語文學篇「殷中軍問：自然無心於稟受，何以正善人少，惡人多？」劉注云：

郭子玄云：無旣無矣，則不能生有；有之未生，又不能爲生。然則生生者誰哉？塊然而自生耳。非我生也，我不生物，物不生我，則自然而已。然謂之天然。天然非爲也，故以天言，所以明其自然也。

此段文字與前引齊物論之注，除文字略有繁省外，義旨全同。若劉孝標此處標明「郭子玄云」確有所本，則此段文字當爲象之自注也。

此外，列子天瑞篇引黃帝書「形動不生形而生影，聲動不生聲而生響。」張注云：

夫有形必有影，有聲必有響，此自然而並生，俱出而俱沒，豈有相資前後之差哉？郭象注莊子論之詳矣。而世之談者，以形動而影隨，聲出而響應。聖人則之以爲喻，明物動則失本，靜則歸根，不復曲通影響之義也。

考之莊注，此義實見於前所引「罔兩問影」一段之注文，張湛旣明言「郭象注莊子論之詳矣」，或有其它佐證。若再參以世說劉注所引子玄之義而觀，則「自生」之說極可能爲郭象賴以得名之主要思想之一。

「自生說」是否爲子玄所獨標之義，抑或仍爲承襲向注而來之說，則考之向注遺文，尋出可與比勘之注文，眞相卽可大白。列子天瑞篇「生物者不生，化物者不化」，張注引向秀注云：

吾之生也，非吾之所生，則生自生耳。生生者豈有物哉？故不生也。吾之化也，非物之所化，則化自化耳。化化者豈有物哉？無物也，故不化焉。若使生物者亦生，化物者亦化，則與物俱化，亦奚異於物，明夫不生不化者，然後能爲生化之本也。

此外，莊子達生篇「夫奚足以至乎先，是色而已。」列子黃帝篇張注引向秀注云：

同是形色之物耳，未足以相先也，以相先者，唯自然也。

由於向注中有「明夫不生不化者，然後能爲生化之本」、「以相先者，唯自然也」（註三三）之語，類似主張萬物背後尚有一「不生不化者」、「自然」，爲生化之本，而有違於「自生」之說，故近人頗有主張向郭之宇宙論立場各異，而以「自生」之說歸於郭象所獨創者。如錢穆氏云：

向秀之說，則顯與王弼大同，彼蓋認有一不生不化者爲生化之本。此不生不化之本身，則決非一物。既非一物，則爲無物。既無物矣，而猶以爲生化之本，此則仍是王弼以無爲有之本之舊誼也。……惟郭象注莊，其詮說自然，乃頗與王弼何晏夏侯玄向秀張湛諸家異。大抵諸家均謂自然生萬物，而郭象獨主萬物以自然生。此兩義顯有辨。（註三四）

此外，近人唐氏、何啓民氏諸人亦皆有類似之說（註三五），玆不贅。依彼等之意，則向郭思想似大有歧異，然細考其實，則又不然。

就向秀之注「生物者不生，化物者不化」一段文字言之，秀既主張吾之生、化，乃自生、自化，而非另有一「物」以生吾、化吾，則其思想與郭注實無二致。然其結尾似又落於承認有一「不生不化者」爲生化之本，因而造成理論之矛盾。對此一矛盾，張亨先生有一解答：

向秀這一注的本身意思固然很清楚，有前提有結論，但是注者的重點有時不一定是在結論上。因爲受到作「注」的限制，結論常須照應到原文，而注者之主要意思可能在別處。……從「生物者不生，化物者不化」必然逼出一個「生化之本」的問題。但向注却非要落實這一「生化之本」，而是想打掉這一「生化之本」，因爲意圖打掉所謂「生化之本」，所以找出一個「無物生化之者」的理由，既然無物生化之者，便推出自生自化之說來。這跟上面提到的郭注之義並沒有什麼不同。只是郭注的說法更透徹淸楚罷了。如果只去注意向注所謂的「生化之本」，而忽略了此注的重點，就不免有過度的引申。（註三六）

張氏此論，頗可採信，則此條向注貌似矛盾之問題，已可解決。此外，業師黃錦鋐先生除力贊向秀有「自生」說之傾向外，更由句型之組織形式，以說明郭象因襲向秀理論之迹。黃師云：

> 近人以這個「不生不化之本」不是物，認爲向秀有「無生有」的傾向，……我的看法，恰與其相反，我認爲向秀所說的「吾之生也，非吾之所生也，則生自生耳」並沒有「無生有」的傾向，而有「自生」說的傾向。而這個「自生」的理論，正是郭象「萬物自然」說的所本。郭象莊子大宗師篇注說：「天者自然之謂也，夫爲爲者不能爲，而爲自爲耳，爲知者不能知，而知自知耳。自知耳，不知也，則知出於不知矣。自爲耳，不爲也，則爲出於不爲矣。」這裏所說的「爲爲者不能爲，而爲自爲耳。爲知者不能知，而知自知耳。」和前文向秀注的「生自生耳，化自化耳。」不但含義相似，就是在句型的組織與形式也相似。這是郭象因襲向秀理論的明證。（註三七）

經黃師之論證，郭象「自生」之說本於向注之迹，更斑斑可考也。

其次，就向秀之注「夫奚足以至乎先，是色而已。」一段文字言之，因秀有「同是形色之物耳，未足以相先也。以相先者，唯自然也。」之言，而郭注却刪除「以相先者，唯自然也。」之句，遂讓後人誤認向秀有以「自然」為先萬物而存在之本體之意，而與郭象「同是形色之物耳，未足以相先也」之「自生」理論不合。然向秀雖曰「自然先之」，其自然却僅涵有「自爾」之義（註三八）。而郭象恐人滋生誤解，方刪之也。知北遊篇「有先天地生者物邪？物物者非物，物出不得先物也，猶其有物也。猶其有物也，無已。」郭注云：

誰得先物者乎哉？吾以陰陽為先物，而陰陽者即所謂物耳。誰又先陰陽者乎？吾以自然為先之，而自然即物之自爾耳。……

此注文義實與前引達生篇向注無別，然郭注於「以自然為先之」下加「而自然即物之自爾耳」，義即轉趨顯豁。可見向郭此處之注實非基本義理有所歧異，郭象乃述說向義而更圓融也。（註三九）

由以上之論述，可知「自生」之說乃向、郭共有之思想，所不同者，乃向較簡略，郭較顯豁也。而經此一考證，郭象莊注之義理承襲向注之迹，實已無所遁形。黃師錦鋐曰：

我認為郭象的莊子注因襲向秀注最大的證據是文義的因襲。

旨哉斯言！吾人若就義理系統平情而論，則世說新語文學篇「向郭二莊，其義一也」實非虛言。

己、結語

經冗長之考辨，向郭之莊注疑案，實情已可明晰，其要點如下：

(1)、郭象盜竊向注之說，因世說、晉書之記載，皆有摭拾舊聞，失之浮誇之嫌；晉書且依違兩可，自相出入。故若無其它佐證，實不可貿然採信。而郭象之德行、才學如何，與其是否盜莊，亦屬兩事，不可混爲一談。

(2)、向郭二注所依據之版本各異，篇卷、文句亦有不同，正文既有如許差異，則注文亦可推知絕非世說所載「點定文句」而已。

(3)、就列子張湛注、經典釋文等書所引之向注佚文，與郭注比勘，雙方注文雷同之處甚夥，其間雖亦有部分差異，然僅限於文句訓解之別，此種文句訓解之部分差異，實仍不足掩郭氏抄襲之迹。

(4)、向郭二注，雖於文句訓解有部分差異，然其基本義理則無二致，郭乃承襲向義「述而廣之」，故「向郭二莊，其義一也」。

向、郭二莊之基本義理既無二致，且向注既已亡佚，無法詳加探討，故本文論述，將以郭注爲本，冠以「向郭」之名，不復勉強區分也。

【附　註】

註　一：晉書卷四十九，向秀傳「秀應本郡計入洛。文帝問曰：聞有箕山之志，何以在此？」

註　二：見晉書卷五十，郭象傳。

註　三：如文帝問向秀：「聞君有箕山之志，何能自屈？」即有嘲諷之意，而同時之山濤亦因此而被孫綽「吏非吏，隱非隱之識。

註　四：文選卷十六，秀「思舊賦序」，李善注引臧榮緒晉書，稱秀「始有不羈之志，與嵇康、呂安友。」

註　五：世說任誕篇以阮籍、嵇康、山濤、劉伶、王戎、阮咸、向秀七人常集於竹林之下，肆意酣暢，世謂竹林七賢。說頗可疑，陳寅恪、何啓民均曾爲文駁之，茲不贅。然七人之性格、趣捨並不一致，則無可疑。

註　六：世說言語篇注引秀別傳曰：「弱冠著儒道論，棄而不錄。」

註　七：錢穆、余英時諸氏均持此見解，錢氏說見「莊老通辨」頁三二八，余氏說見「漢晉之際士之新自覺與新思潮」頁一一六。（新亞學報第四卷第一期）

註　八：隋書經籍志以崔譔爲「東晉議郎」，不合諸家之說，恐誤。

註　九：釋文作於陳後主至德元年，隋文帝開皇三年，見盧文弨經典釋文敍錄考證引丁杰說。

註一〇：象之里籍，晉書本傳不錄，此據張隲文士傳所載。此外，亦有以象爲潁川人（皇侃），河內人（陸德明）者。惟北宋以降，刊刻郭注莊子，象之里籍悉作「河南」，故採文士傳之說。

註一一：今本郭象莊子注皆改作十卷三十三篇，隋志同釋文，惟較略。詳見下節。

註一二：中有七條涉及政治思想，均持自然與名教調和之立場，與莊注同，可證郭之莊注，雖襲自向秀，然仍代表其一貫之精神。

註一三：世說新語文學篇注引文士傳語。

註一四：見晉書斠注卷五十。

註一五：見史通通釋卷一。

註一六：世說新語成於南朝宋之劉義慶，晉書則爲唐人所修。

註一七：見黃師「關于莊子向秀注與郭象注」頁七五。收於「莊子及其文學」，東大圖書公司印行。

註一八：劉知幾史通之言。

註一九：宋人潘本盛之言。

註二〇：見欽定四庫全書總目卷一百四十六，子部道家類。

註二一：楊著之搜集已頗詳盡，而王叔岷之作尤稱完備。

註二二：張亨先生之語，見「莊子注的作者問題」頁六八。

註二三：劉盼遂即主此說。

註二四：王昶之言，見前引。此外，陳繼儒亦有類似之言。

註二五：劉盼遂云：「一字今訛爲三，隋書經籍志注，梁有向秀注子音一卷，宜據以訂正。又按釋文敍錄謂秀注二十六篇，一作二十七篇，一作二十八篇。今謂此賸餘之篇，當即其音或目也。」

註二六：敍錄云：「其內篇衆家並同，自餘或有外而無雜。」由此推定向本內篇七，外篇十九（或二十，二十一）。

註二七：向本無雜篇，當乃未標雜篇之名，非其外篇中全無郭本列屬雜篇之文也。（詳見日人武內義雄「莊子考」）

註二八：達生篇等亦有此類之例，詳見武內義雄「莊子考」、王叔岷「莊子向郭注異同考」。

註二九：日本高山寺卷子本有郭象後序，然多誤脫。釋文敍錄亦稱引之，惟經修飾，辭不盡同。

註三〇：王氏搜羅之範圍，除列子張注及釋文外，更旁及古注與類書中之向注，內容最稱完備，故以其所列材料爲準。

註三一：依楊、王二氏之統計，向郭注文相同、相近者，約佔可資比較則數三分之二。

註三二：「以天言之」四字，依世德堂補。

註三三：達生篇「夫奚足以至乎先，是色而已。」郭注襲用向注，而刪「以相先者，唯自然也」一句。

註三四：見莊老通辨頁三九三。

註三五：唐氏說見魏晉南北朝史論叢頁三三四，何氏說見竹林七賢研究頁一二六至一三一。

註三六：見莊子注的作者問題，頁八五至八六。

註三七：見黃師著「郭象」，頁六至七。

註三八：大宗師「翛然而往，翛然而來而已矣」釋文引向注云：「自然無心而自爾之謂」是也。

註三九：此義參見張亨「莊子注的作者問題」頁八七至八八。

第三章　向郭莊注產生之因緣

第一節　略論思想因緣之處理方式

思想之變遷，恆由因革推移，漸靡而然，章太炎氏五朝學云：「俗士皆曰：秦漢之政踔踔異晚周，六叔（魏、晉、宋、齊、梁、陳）之俗孑爾殊於漢之東都。其言雖有類似。魏晉者俗本之漢，陂陀從迹以至，非能驟潰。」（註一）卽此之謂也。思想史上此種因革推移之現象，論者雖多借用經驗科學上之因果概念加以闡釋，然是否能充分洞悉事實之成因，暨各成因間之聯合與交互作用，實大有問題。故歷史上紛然雜陳之思想，其形成之因緣，史家雖論之極詳，然其解釋却永涵一極限性，不可視爲惟一而充分之解釋。

面對此一思想因緣解釋之極限性，爲避免浮泛不切之因果論斷，本文於探討向郭莊注產生之因緣時，將先探討向郭莊注所處理之基源問題（註二）。吾人若熟視向郭莊注之理論，將不難發現，向郭莊注之理論鋪陳，實順著要求解決「調和最高境界與現實之衝突」此一基源問題而展開。莊子注中以適性爲逍遙，合名敎於自然等理論，其顯例也。此種基源問題旣能掌握，則向郭莊注產生之因緣，即可由此追溯而得。雖由此追溯所作之因緣解釋仍有其極限性，然當時思想環境對向郭所形成之挑戰，與向郭之意識透過莊子注所表現之回應，其間隱微之迹，即可略得而言也。吾人若由此基源問題追溯向郭莊注產生之因緣，則其犖犖大者不外乎：一、形上境界之追尋。二、一元價値之崩潰。三、政治行爲之解嘲。四、阮嵇莊學之反省。茲略述之。

第二節　形上境界之追尋

王弼周易略例云：「物無妄然，必由其理。統之有宗，會之有元。」此雖爲王氏解易之例，然尋求統宗會元之宇宙最高原理，實正爲漢人天人感應之說、人倫日用之學不復繫切人心後，魏晉士大夫內心深處之眞正需求也。近人馮氏云：「魏晉人對於超乎形象底始更有淸楚地認識。……魏晉人了解玄之又玄，他們也喜歡玄之又玄，他們稱老子、莊子及周易爲三玄，稱玄之又玄底言論爲玄談，稱談玄之又玄底學問爲玄學，稱談玄談講玄學底風氣爲玄風。他們可以說是一玄而無不玄。」（註三）即爲魏晉人熱愛形上之玄學風氣最佳之寫照。

蕩佚人事、企慕玄遠，其風已暢於漢末，然「棄物理之尋求，進而爲本體之體會。舍物象，超時空，而研究天地萬物之眞際」（註四），則必待乎正始。世說新語文學篇載：

何平叔注老子始成，詣王輔嗣；見王注精奇，迺神伏曰：「若斯人，可與論天人之際矣！」「論天人之際」實為正始玄風之特色，「天人之際」中之「天道」，相應天道之「聖人人格」，究為何種義涵？天道人事之結合究為何種方式？凡此種種，皆為何、王輩之談藪：

天地萬物，皆以無為本。無也者，開物成務，無往不成者也。陰陽恃以化生，萬物恃以成形。（註五）

有之為有，恃無以生，事而為事，由無以成。夫道之而無語，名之而無名，視之而無形，聽之而無聲，則道之全焉。（註六）

聖人體無，無又不可為訓，故不說也。老子是有者也，故恆言無，所不足。（註七）

此外，王弼「得意忘象，得象忘言」（註八）之玄學方法，更成為玄學家契入形上玄理之指標，為後進建立開啓玄理堂奧之法門。此種就造詣之最高處言體用、有無、一多等關係之種種玄論，實能盡聖證境界之極致，雖玄學家智及而不能仁守，然亦能使彼等思想向上提昇，而得「經虛涉曠」，以出塵埃而絕玄冥。方興未艾之玄風益以何、王輩之倡導（註九），正始玄音遂高唱入雲矣，此種盛況經阮籍、嵇康之擴展，玄風遂扇乎海內。

面對此種玄風獨熾之思潮，為提昇塵世之生命以盤旋於空濶，向郭莊注於形上境界之追尋，乃勢所必至。其序莊子云：「夫莊子者可謂知本矣。」「莊生雖未體之，言則至矣。通天地之統，序萬物之性，達死生之變，而明內聖外王之道。」「雖復貪婪之人，進躁之士，暫而攬其餘芳，味其溢流，彷彿其音影，猶足曠然有忘形自得之懷，況探其遠情而玩永年者乎！」向郭此處之言，實卽爲其莊注之自述。吾人細觀其言，知其所注目者，亦卽玄學家一貫所關注之問題；而其所描述之境界，亦卽爲追尋玄理所能達至之境界。世說新語文學篇謂向秀莊注「妙析奇致，大暢玄風」，竹林七賢論云：「秀爲此義，讀之者無不超然若已出塵埃而絕玄冥。始了視聽之表，有神德玄哲。能遺天下，外萬物」（註一〇）恰可與此相印證。故知玄風暢行下，熱切追尋形上境界之思潮，實予向郭莊注莫大之影響。莊注中賦萬物之適性以逍遙之境界；取消有、無之對立，由萬物自生以言萬物之自爾獨化；乃至合人爲於自然；融方內於方外；凡此種種卽當前俗境以見玄遠，以玄思美化俗情之理論，若溯其源，則熱切追尋形上境界之玄學背景，實有莫大之影響也。

第三節　一元價值之崩潰

漢晉之際，乃吾國思想、文化之一大轉變期，此時，不論學術、社會、政法、禮教、風俗、世道諸方面，皆有別關蹊徑、捨舊謀新之現象。而此新思潮之變因，歷來學者已多所論斷，或歸之於漢學訓詁之反動，或歸之於老莊學說之衍盛，或歸之於士人之殺戮，或歸之於政治之動亂，或歸之於曹氏父子之風尚，或歸之於士大夫之自覺，論者紛紛，各有所見。今不擬考其本末，重加論述，惟就此期紛然雜陳之新思潮、新價値作一簡單描述，以見人心之趨嚮可也。

此期之思潮，簡言之，乃傳統之儒家思想倒塌，一元價值崩潰之時代。作爲價值標準之儒家思想，此時既已不足收束人心，激蕩紊亂中，人之心思遂游離於外，重尋生命之新指標，萬家爭鳴下，價值標準乃告多元化。此時，論人則重其獨特之標度與風格，而不限於一格；談玄則闡其殊異之內容與意境，言人人殊；禮教則「儀軌自居」、「不崇禮制」皆兩得其中（註一一）；生活則飲宴伎樂、雅詠玄虛而並行不悖；論學術則六經老莊同流並進；談本體則貴無崇有各逞其妙；加以個人意識醒覺，尋求自我之呼聲高唱入雲，此種重個體殊異之思潮，對價值多元化之趨勢更形成推波助瀾之助力。

面對此種千巖競秀，萬壑爭流之思潮，貶斥百家，獨宗一尊之理論已不符時代之需求。能否建構一包容多元價值之新說，以調和殊異之思想，乃爲各方所矚目，向郭莊子注之出現，即順此要求而成之結晶也。觀其莊子序云：「通天地之統，序萬物之性，達死生之變，而明內聖外王之道。」則知其實有綜前人之所論，整百家不齊（註一二）之雄心也，莊子注中每多兼容並包之論（註一三），即爲向郭面對一元價值崩潰之局，苦心建構之思想殿堂也。

第四節　政治行爲之解嘲

東漢末季，分崩離析之局已成，外則盜賊蠭起，內則政禍踵繼。黨錮之禍，「海內塗炭二十餘年，諸所曼衍，皆天下善士」（註一四），尤使士人寒心。建安以降，群雄割據，焚毀燒殺，所過之處，民無噍類。迄於魏晉，篡奪繼起，內禍頻作，民命更不堪問。而戰亂已屬慘酷，政爭尤令人髮指，黃錦鋐師云：

最重要的是正當戰爭稍爲平息的時候，政爭接著起來。排除異己，誅殺名士，戰爭是有形的攻伐，有時還可以逃避，攻爭則是無形的殺戮，隨時會有莫須有的罪名降臨身上。從曹操殺楊修、孔融，到司馬昭殺嵇康、呂安爲止。這一段時間，文士們可以說是人人自危。（註一五）

鳳集河清難俟，天下事已不堪問，加以士人性命朝不保夕，人人自危，則「壯士何慷慨，志欲威八方」（註一六）之濟世懷抱，已成贅疣。魏晉人面臨此變局，爲求自保，其行徑大抵有二趨向：一則宅心物外，高談玄虛，甚者隱逸山林，以求避禍。一則拋棄理想，認同現實政治，圖享朝端之富貴。然當道是否容許夷、齊之士，恥食周粟之消極嘲諷；認同現實政治者，於玄風暢行下，是否甘心安於祿位而無超脫之思；凡此皆將引發思想之激盪，而爲形成向郭莊注之主要因緣。

甲、入俗容迹者之解嘲

宅心物外，韜晦免禍，既爲士人所遵行，玄遠不切人事之莊學遂隨之興起。莊子書中多山林臯壤之言，富欣賞自然之趣，故玄虛高遠之理與山林隱逸之趣旋即合流，觀乎正始名士多居廟堂，而竹林名士則喜親山水，則知山水田園之間已成名士所欲託身之所。

康嘗採藥遊山澤，會其得意，忽焉忘返，時有樵蘇者遇之，咸謂神至。（註一七）

阮籍字嗣宗，……或登臨山水，經日忘歸。（註一八）

秀應本郡計，入洛。文帝問曰：「聞君有箕山之志，何以在此？」（註一九）然山水田園之所，亦非舉世滔滔下之方舟，朝代更迭，派系爭權之際，若堅不屈身，莫須有之罪名，將驚破山水田園寧靜之迷夢，重登魏闕，入俗容迹，遂成士人求生之惟一抉擇。如向秀本有箕山之志，鑒於康、安之被誅而出仕；同時之李喜亦因「明公以法見繩，喜畏法而至耳」。「畏法而至」正道出此輩人之心聲。而此輩人前後言行之互異，隱仕之無常，則於內心不能不有衝突；且彼等身居魏闕，心慕山林而不可得，亦不能不於精神上求一超脫。故如何立一新說，以自我解嘲而稍慰內心之創傷，並杜外界悠悠之口，實爲此輩人士之所須，向郭莊注之理論以適性爲逍遙，由「迹」見「所以迹」，使失落於外之山水田園重現於內心，且得彌補內心因隱仕無常而來之衝突，尋回被屈辱之自尊，實亦爲緣此要求而來之解嘲也。

乙、貪戀祿位者之解嘲

魏晉之世，揮麈談玄已成士大夫之主要風尙，然富貴之鄉，權利之門，亦爲認同於現實政治之門第中人所難忘懷，而此輩每以巢、許自況却混迹廊廟。如山濤「好老莊」（註二〇），王戎以「簡要」、「淸尙」見稱（註二一），然卒依附典午，佐成篡業，權傾內外，利祿雙全。此正如嵇含所譏：「晝眞人於刻桷之室，載退士於進趣之堂，可謂託非其所」（註二二），朱子亦諷「這邊一面淸談，那邊一面招權納貨」（註二三）也。此實爲莫大之矛盾，此種衝突，彼輩不能不有所解決也。陳寅恪氏云：

至若山王輩，其早歲本崇尙自然，棲隱不仕，後忽變節，立人之朝，躋位宰執，其內愧與否雖非所知，而此種才智之士勢必不能不利用一已有之舊說或發明一種新說，以辯護其宗旨反覆，出處變易之弱點，若由此說，則其人可兼尊顯之達官與清高之名士於一身，而無所慙忌，既享朝端之富貴，仍存林下之風流，自古名利並收之實例，此其最著者也。故自然與名教之說所以成為清談之核心者，原有其清談上實際適用之功用。（註二四）

陳氏所言甚是，觀乎郭象早歲「好老莊，能清言」，後為太傅主簿，則「任職當權，熏灼內外」，則其莊注之用心，居然可知矣。黃錦鋐師云：

向郭名教與自然結合，當係據自莊子「不譴是非，與世俗處」之說。然其本質上，名教與自然實不可能調和，與世俗處則終必以「人為」妨害「自然」，與莊旨相背矣。此說蓋向郭自身之矛盾，欲藉莊注以解嘲耳。（註二五）

黃師所言，可謂鞭辟入裡，直探此輩之用心而無所遁形。由此觀之，貪戀祿位復雅詠玄虛，實為魏晉之時代風潮，即郭象本人亦不例外，而此種生活形態所形成之矛盾，實須有一新學說之辯護，以自我解嘲，此種要求，亦為構成莊注思想之主要因緣也。

第五節　阮嵇莊學之反省

甲、魏晉莊學興盛之主要因素

業師黃錦鋐先生「魏晉之莊學」云：

魏晉莊學之興，其最大因素，乃爲文人逃避政治之殺戮異己。……莊子之道玄遠，不切人事，荀子謂其「蔽於天而不知人。」楊雄所謂「莊周放蕩而不法。」「不知人」與「放蕩而不法」正是處亂世之護身符。故時人之研治莊子，非以揚名，乃以避禍，莊學於是乎興。（註二六）

魏晉莊學與時局關係既如此之密，故本節擬就向郭之前之莊學發展略加論述，見其理論於亂世下之功效與極限，並由其理論指引士人全生避禍之乏力，見其不足爲亂世之精神指導原則，而向郭莊注之出現乃此期莊學之反省與發展，即昭然可見。

乙、魏晉莊學發軔期之一般考察

世說新語文學篇謂向秀之前，注莊者已有數十家：

初，注莊子者數十家，莫能究其旨要。向秀於舊義外爲解義，妙析奇致，大暢玄風。

然此說實不可靠。而隋書經籍志收錄之晉人莊注，亦僅司馬彪、李頤、孟氏等注本之篇目，未有數十家之目。今就可見之材料、記載推之，則莊學之流播，當始乎正始。而何晏、王弼爲其先驅。魏志卷九何晏傳云：

晏之少以才秀知名，好老莊言。

世說新語文學篇注引王弼別傳曰：

弼……少而察慧，十餘歲便好莊老，通辯能言。

考何晏「無名論」，王弼「論語釋疑」、「周易略例」，暨二人有關聖人有無喜怒哀樂之討論，雖頗多論旨與莊子若合符節，然其內容或側重道體之探討，或標舉聖人之人格，大抵不脫談論老、易之形態，莊學之特性尚隱而未彰。惟春芽既萌，則附庸蔚為大國已指日可待。黃錦鋐師「魏晉之莊學」謂：「魏代莊學，承漢代遺風，附老易而流播。」又云：「綜觀魏晉初期之學術思想，以易老為主，以莊子為輔。然其流風所趨，則老莊並列，及至阮籍嵇康達莊養生之論興，使附庸而成大國者，則功在何、王。……以老莊釋易，正是魏晉莊學發軔初期之特徵，謂之魏晉莊學之先驅，不亦可乎！」言簡意賅，可謂中肯。

丙、阮嵇莊學顯露之意義暨其引發之反省

阮籍、嵇康出，玄學心靈又告轉向，「三玄」中之莊子由附庸蔚為大國，逐漸取代重抽象思辨之老、易。此因當時之士人於風雨飄搖中久受摧殘，於具體生命之感受日益深切，如何應用前人思想以為困頓之人生尋一出路，遂為大眾所關切，著重具體生命探討之莊學，乃告崛起。阮籍之「達莊論」、「大人先生傳」，嵇康之「養生論」，即闡述莊旨之代表作也。

欲瞭解阮、嵇莊學思想之背景，以下二點殊堪注意。其一、此時乃曹、馬爭權，名士殺戮慘重之時，此種艱危之處境，自影響及阮、嵇之思想。李善云：「嗣宗身仕亂朝，常恐罹謗遇禍，因茲發詠，故每有憂生之嗟。」（註二七）「有憂生之嗟」正可表露阮嵇二公之共同心境，則於思想層面，應如何化解此「憂生之嗟」，實為重大之問題。其二、當時高門大族助司馬氏篡奪以謀高官厚爵者頗多，

此輩大抵爲名教中人，然表面之浮文僞善，實不掩其殘賊庸俗。目睹名教中人此種詐僞鄙俗之行，則有眞性情者如阮嵆輩必不能堪，非超世絕俗，意終不快。此種反抗意識，亦必影響及阮嵆之思想形態。「達莊論」、「大人先生傳」爲阮氏論及莊學之代表作，中以「達莊論」論及莊旨尤多，黃師錦鋐論其旨要云：

阮籍達莊論主要的思想，是在闡發「天地與我並生，萬物與我合一」的道理。

又云：

達莊論除了說明莊子「萬物一體」「守本」的理論外，還有論逍遙遊之旨。……達莊論之所以作，就是爲了達到「洸然而止，忽然而休」的逍遙境地。（註二八）

今於達莊論之內容不擬縷述。惟文中自一氣之化言萬物一體，以陰陽五行言人之身、性（註二九），則顯悖乎莊生之旨。所可注意者，乃阮氏於全文之首卽標示逍遙遊之旨趣：

伊單閼之辰，執徐之歲，萬物權輿之時，季秋遙夜之月，先生徘徊翺翔，迎風而遊，往遵乎赤水之上，來登乎隱全之丘，臨乎曲轅之道。顧乎泱漭之州，洸然而止，忽然而休。

「大人先生傳」亦有類似之言：

今吾乃飄飄於天地之外，與造化爲友，朝餐湯谷，夕飲西海。

由此可見，逍遙之境實爲阮氏醉心之所，惟阮氏既未能善體莊旨，則其是否已契及此境，殊堪懷疑。若阮氏未能達至逍遙之境，則其爲文時露對逍遙境界之遐思，究竟代表何種意義，此尤值得探究。

吾人若觀乎阮氏之言行，則知其有一高卓不可羈制，與汙濁之流俗格格不入之靈魂，故其言行頗多憤激（註三〇）。然其一面橫決禮法，一面混跡官場，而皆不能自我認同（註三一），此種性格上之自我衝突，遂令生命無所依託。加以其「常恐罹謗禍」而發之「憂生之嗟」亦須有一思想層面之化解。凡此種種，遂逼使阮氏於玄理上追尋一超現實之樂土，以安頓其四無掛搭之靈魂。「達莊論」、「大人先生傳」關於逍遠境地之描述，即代表阮氏對此樂土之企慕，而與「遊仙詩」有相同之寄託，非其眞能達於此境也。否則，若謂其眞能通達莊生之旨，然却屢有憤激之行，寧非怪哉！而此種境界之之嚮往，實亦表露出阮氏對流俗之卑視，「自然」、「名教」對決之意猶存也。逍遙之境，既僅爲精神之幻境，個人之獨白，則絕不能安頓其破裂之生命於人間世，阮籍遂成爲孤獨寂寞之「孤鳥」、與世隔絕之「高鳥」（註三二），而其「憂生之嗟」亦不能眞正化解也。理想與現實既劇烈衝突。阮氏之生命遂「上不在天，下不在田」而陷於破裂與不安，而此種人生態度亦逼使阮氏屢次瀕於見殺邊緣（註三三）。然阮氏之莊學對此情況非但化解無力，且有推波助瀾之嫌（註三四），則後人於經歷血河淚海之慘痛之餘，反省此種與時代破裂之生活態度是否値得之際，於莊學之理論，亦勢必有一反省，向郭出，其莊學理論多涵最高境界與現實融合之義，即對此期莊學反省後之發展也。

「養生論」爲嵇康闡揚莊旨之作，其主要觀點，具見於首段：

> 夫神仙雖不自見，然記籍所載，前史所傳，較而論之，其有必矣。似特受異氣，稟之自然，非積學所能致也。至於導養得理，以盡性命，上獲千餘歲，下可數百年，可有之耳。而世皆不精，故

莫能得之。

其中見解，大旨爲：一、神仙非積學所能致。二、導養可以延年。其論「導養」，則心身兼施，非但須「清虛靜泰，少私寡欲」，亦須「蒸以靈芝，潤以醴泉」，此種養生之法，前者同於莊子，後者則頗受秦漢以降方士之影響。而其目的在乎養有生之生，則悖乎莊旨。追溯此種重養性保命之思想動機，實導因於無盡之殺戮、人命短促所形成之無常之慼下，欲化解「憂生之嗟」之祈求；而亦代表剛腸疾惡者，自絕於卑污流俗，退養有限之身之深沉抗議。吾人觀乎其詩文雖多企慕莊子逍遙、齊物之境，然不能忘我，常感世濁我清，知音難逢（註三五），則知其胸中固多不平之氣也。黃師錦鋐「魏晉之莊學」評之曰：

夫避世之道，貴乎無己。……嵇康亦篤好莊老（見幽憤詩），然僅得莊子之形似。知「萬物爲一」之理，而不知忘我之旨，因有述志詩、幽憤詩、思親詩、與山巨源絕交書，與呂長悌絕交書（均見嵇康集），此有我之見也。是才之美，而不知應世，終罹殺身之禍，論者深惜之。（註三六）

是叔夜雖「恬靜寡欲，含垢匿瑕」（註三七）然胸中終有塊壘，故雖重養生，而仍不得終其天年，而此種重養性保命之理論，亦終於己無補也。則如何彌補此缺憾，一面保持超脫世俗之心思，一面又能「入俗容迹」以全生，遂爲後起之莊學家所措心。

綜上所述，阮、嵇二氏莊學理論之出現，實代表魏晉之際，人世混濁、徧地血腥之時，超世絕俗者懷衝決網羅之反抗意識，求有以擺脫世間污濁，化解「有憂生之嗟」之生命困頓，所追求之人生理想。然嗣宗於莊學中所契及之境，僅爲類似遊仙詩之幻境，非能眞正安頓自己，故其言行仍多憤激，而屢次瀕於見殺之邊緣。至於叔夜養生之論，在乎養有生之生，明悖乎莊生之旨。考其動機，則涵深感人生無常，意欲化解「憂生之嗟」之祈求，暨自絕於卑汚流俗，退養有限之身之深沈抗議。其心中固多不平之氣，故終不得享其天年也。阮、嵇二氏之莊學既未能眞正疏導超世絕俗者之生命悲情，且反於動輒罹謗遇禍之世，高標一超絕之理想，擴大個人與流俗之鴻溝，導致生命更大之斲傷，則終無補於時也。故如何對莊子作一新詮釋，以保有超脫之玄思，並得入俗容迹，遂爲後起之莊學家所追尋。向郭出，其莊注多最高境界與現實調和之旨，如此則一面可與現實妥協而不忤於時，一面仍得於心態上保有超現實之玄思，現實、理想，面面兼顧。此卽爲反省阮、嵇莊學之缺漏，意欲加以彌補而有之發展也。

【附註】

註一：章氏叢書文錄卷一。

註二：一切個人或學派之思想理論，根本上皆爲對某一問題之答覆或解答，此問題卽「基源問題」。參見勞思光氏「中國哲學史」序言，頁一六。另勞氏「康德知識論要義」頁三至七亦有論及，可參看。

註三：見氏所著貞元六書新原道七章玄學。

註四：湯用彤語，見魏晉玄學論稿頁四六。

註五：晉書卷四十三，王衍傳「何晏、王弼等祖述老莊立論」下引。

註　六：列子天瑞篇張湛注引何晏「道德論」。
註　七：三國志鍾會傳注引王弼語。
註　八：見周易略例明象篇。
註　九：時平叔坐鎮吏部，擁人事進退之權，談客盈坐。
註一〇：世說新語文學篇，劉孝標注引。
註一一：世說新語任誕篇云：『阮步兵喪母，裴令公往弔之。阮方醉，散髮坐床，箕踞不哭。裴至，下席於地，哭弔唁畢，便去。或問裴：「凡弔，主人哭，客乃爲禮；阮既不哭，君何爲哭？」裴曰：「阮方外之人，故不崇禮制；我輩俗中人，故以儀軌自居。」時人嘆爲兩得其中。』黃師錦鋐謂：『「兩得其中」就是以「儀軌自居」和「不崇禮制」都是對的。可見阮籍的放蕩不拘已經得到社會一致的承認，那也是一種禮呢？』(見「阮籍和他的達莊論」，頁五。)
註一二：此係以不整爲整，卽兼容並包多元之價值觀念。
註一三：如適性說卽含有承認多元價値之意，迹冥論亦有合自然與名教之目的。詳後，玆不贅。
註一四：後漢書黨錮傳。
註一五：見阮籍和他的達莊論，頁二。
註一六：阮籍詠懷詩，其三九。
註一七：晉書卷四九，嵇康傳。
註一八：同註一七，阮籍傳。
註一九：同註一七，向秀傳。
註二〇：世說新語政事篇注引虞預晉書。
註二一：「簡要」爲鍾會語，見世說賞譽篇。「淸尙」爲阮籍語，見世說簡傲篇注引晉陽秋。
註二二：見晉書卷八九，忠義傳，嵇含弔莊周圖文。
註二三：見朱子語類。

註二四：見「陶淵明之思想與清談之關係」，收入「陳寅恪先生論文集」。

註二五：見黃師「魏晉之莊學」，頁一七八。

註二六：見「魏晉之莊學」，頁一五六。

註二七：文選詠懷詩注。

註二八：見「阮籍和他的達莊論」，頁八、九。

註二九：如「達莊論」云：「自然一體，則萬物經其常。入謂之幽，出謂之章，一氣盛衰，變化而不傷。」又云：「人生天地之中，體自然之形。身者，陰陽之精氣也。性者，五行之正性也。情者，遊魂之變欲也。神者，天地之所以馭者也。」

註三○：如醉臥鄰婦之側，哭兵家女，爲青白眼，越禮別嫂，居母喪多怪態等皆是。（以上並見晉書本傳）。而其「大人先生傳」亦多自然，名教對決，批判「域中君子」之語。

註三一：阮氏橫決禮法之言行，並未能自我認同。如其於「大人先生傳」斥孤高之士「惡彼而好我，自是而非人，忿激以爭求，貴志而賤身」非能渾忘一切而玄同彼我。於「樂論」云：「刑教一體，禮樂外內」「禮治其外，樂化其內」，是則亦不廢君子之禮法也。戒子渾云：「仲容已預吾此流，汝不得復爾」（晉書本傳），則亦不以己行爲是。此外，阮氏詠懷詩時露追慕夷、齊登西山而採薇之意，則知其入仕實爲不得已，其生命深處，仍未認同於現實也。

註三二：阮氏詠懷詩時以「孤鳥」「高鳥」隱諭自己。如：△願爲雲間鳥，千里一哀鳴。△高鳥翔山崗，燕雀棲下林。崇山有鳴鶴，豈可相追尋。

註三三：本傳載籍爲青白眼，「由是禮法之士疾之若仇」，幸帝袒護而得全。此外如鍾會屢欲致之罪，太尉蔣濟之怒籍，凡此等災禍，皆爲阮氏之人生態度所使然。雖晉文謂其「至愼」，然此之「至愼」乃指「未嘗評論時事，臧否人物」而已，非一般生活態度之至愼也。

註三四：因追遙之境與俗境對比下，實涵有對世俗之不滿。此種對比，於「大人先生傳」中尤顯劇烈。

註三五：酒會詩云：「鍾期不存，我志誰賞。」（見全三國詩卷四）

註三六：頁一七二。

註三七：見晉書卷四十九，嵇康傳。

第四章　向郭之逍遙義

第一節　莊學中逍遙義之地位

哲學不當衹是一套命題，而應是一種生命之途徑。基本上具有相當强烈之人間關注與著重人格提昇之中國學問，恰能與此要求相呼應。

道家之學無疑對人生有極强之「存在感受」，人之自然生命本屬有限，而由「成心」所引發之欲望、情緒、意念等之追逐，更使生命陷入此等成心所構成之牢籠，相刃相靡而不知伊於胡底。面對此種人生之無奈，要求超拔於自然生命之限制以遊於無待，遂成爲人類生命永恆之鄉愁，故莊子逍遙遊所揭示之人生理想，實具有永恆之價值。再者，莊子之世，戰爭與殺戮，權謀與譎詐所佈下之網羅，不停戲弄著無助之蒼生，而周文至此已成告朔之犧羊，非但不足以維繫世道人心，且藉其僵化之形式，助紂爲虐，則人類脆弱之生命乃註定將墜入恐怖之深淵矣。因而，莊子逍遙遊所標擧之精神解放，實亦爲當時普天之下無助之蒼生另闢一條生路，而具有其時代意義。

面對人生種種之無奈，人之自然生命自屬微不足道，然於此有限中，人類却發現其通往無限之路。經過心靈之修養淨化，成心隨卽轉化成道心，心胸由是開濶，精神由是昇揚，人生也因而得著安頓，此時，黑暗狹陋之人間世頓成「無何有之鄉，廣莫之野」之桃源勝境。莊子開宗明義所提出之「逍遙遊」（註一）卽爲處於倒懸中之芸芸衆生，標擧出此種人人可達之人生理想，期使衆人聞風興起，以超拔於人生迷境，而達精神解放、怡然自適之境地也。因而，吾人可謂「逍遙遊」之提出，實代表莊子超拔自然生命、外在環境之限制，嚮往生命自由解放之要求，而此要求，亦正爲人類心靈普徧之祈嚮也。吾人若觀乎莊子一書之全部理論架構，皆直接、間接爲實現「逍遙遊」而設（註二），則其地位之重要性將不言可諭。

兩漢治世，隆尙儒術，仕途大開，學者奔競，莊子之學遂闇而不彰。降及魏晉，「天下多故，名士少有全者」，此爲空前變動離亂之時代，亦爲統治者摧殘士人最徹底之時代，於朝代更迭之政爭中，不但行動偶一不愼，卽有殺身之禍，沈默亦往往被視作對現實之抗議（註三）。雷霆之所擊，無不摧折者；萬鈞之所壓，無不靡爛者。處此時代，於自己生命存在之意義，不能不有一深刻之反省。因而，若不甘偕詐僞鄙俗之社會共浮沈，惟有遙契莊生逍遙之旨，以超脫於世俗之泥淖。魏晉之世，莊學大盛，其因素雖多，然時人於逍遙境界之祈嚮，當爲主要因素。知乎此，則阮籍、嵇康爲文時發逍遙之想；魏晉清談，莊子逍遙義成爲主要之論題，爲名賢所熱切鑽味（註四）；而莊學大家之向郭，於其莊注中，以「適性」闡發逍遙之旨，且以此人生理想爲中心觀念，貫串於全篇，皆可從此一角度去瞭解。

惟此處首當分辨者，卽魏晉諸名士雖與莊子同對人生有相當强烈之感受，然莊子對社會、蒼生，無疑有更深之憂患感，更强之批判性，故於其逍遙境地，同樣可涵容仁義禮智之實質（註五）。而魏晉諸名士，當其濟世之志化爲血河淚海，既知「大樹將顚，非一繩所維」，爲己之心不免較重，故彼等一面須入俗容迹以全生，一面則轉於其內心尋求已失落之山水田園以慰己，因而彼等對莊子逍遙義之把握，也僅止於藉此玄想以忘懷俗情之卑污而已。對時代問題之批判既付之闕如，因而彼等於時代之弊病並不能有眞正之疏導。瞭解此種玄學家之心態，將有助於吾人尋求向郭逍遙義之眞正義涵。

第二節　向郭逍遙義之淵源

西晉末，玄風暢行已久，各家獨具特色之理論紛然而出，無論就時代思潮或思想內容而論，玄學發展至此已達綜合之階段。向郭卽承此勢而發揮其超人之智悟，使先前之理論獲得一較高之綜合也。其莊子序謂莊生之言「通天地之統，序萬物之性，達死生之變，而明內聖外王之道，上知造物無物，下知有物之自造也。」此雖明論莊生，實則爲其莊子注之自序也，觀其所建立之理論系統，則豈虛言哉（註六）！茲就諸家所言與向郭逍遙義相關者，擧其犖犖大者數人，以觀其理論上相承之迹，並見向郭莊注實爲前人理論之更高綜合。

魏初鍾會撰才性四本論，劉劭撰人物志，皆言才性。今鍾論已佚，不可詳考，所可注意者，性分才能大小宜適諸問題皆劉書之所討論。如人物志材能篇云：

凡所謂能大而不能小，其語出於性有寬急。性有寬急，故宜有大小，……推此論之，人材各有所宜，非獨大小之謂也。

若持此義以觀逍遙遊向郭注：

夫小大雖殊，而放於自得之場，則物任其性，事稱其能，各當其分，逍遙一也，豈容勝負於其間哉！（註七）

及

鵬鯤之實，吾所未詳也。夫莊子之大義，在乎逍遙遊放，無爲而自得，故極小大之致，以明性分之適。（註八）

則雖義理不合，然措意遣詞則頗多近同之處，故陳寅恪先生疑向子期之解逍遙遊，不能不受當時人物才性論之影響也（註九）。

此外，劉氏通過陰陽五行以解釋情性：

稟陰陽以立性，體五行而著形，苟有形質，猶可卽而求之。（註一〇）

如此一來，情性純指被決定之材質，決無「主體性」之成分，修養轉化遂成不可能之事。體別篇所謂「偏材之性，不可移轉」劉昞注曰：「固守性分，聞義不徙。」是也。

向郭莊注雖未及陰陽五行之說，然其言「性分」亦採取與才性論者相同之立場，否定「主體性」之成分，純就被決定之材質而言任之順之，如此則爲逍遙。故亦不及修養轉化之問題，由是而聖人亦不可企及矣。向郭云：

物各有性，性各有極，皆如年知，豈跂尚之所及哉！（註一一）

又云：

若夫知見可以欲爲而得者，則欲賢可以得賢，爲聖可以得聖乎？固不可矣。（註一二）

由上可知，向郭之適性觀念實深受當時人物才性論之影響，惟於聖人、凡人，就性分自足之觀點而言，同歸逍遙，此種「適性卽逍遙」之理論，爲其所獨創也。就玄理而言，向郭此論不純就現實立言，而賦平鋪之才性以高超之意境，實高於先前才性論者之說，此固向郭之穎悟，亦爲玄理發展至極點所須有之「更高之綜合」也。

其次言阮籍。

籍有達莊論，首開魏晉莊學風氣（註一三），且論中以逍遙始，以逍遙終，當於某種程度上予向郭莊注精神上之啓發。而其大人先生傳中敍述隱士自認「抗志顯高，遂終於斯。禽生而獸死，埋形而遺骨」則與大人先生均志同行，大人先生却斥其「惡彼而好我，自是而非人，忿激以爭求，貴志而賤身」、「薄安利以忘生，要求名以喪體」則非至人之行。大人先生此意，亦猶向郭注逍遙遊篇，斥孤高之士爲：

若乃厲然以獨高爲至而不夷乎俗累，斯山谷之士，非無待者也，奚足以語至極而遊無窮哉！（註一四）

若獨亢然立乎高山之頂，非夫人有情於自守，守一家之偏尚，何得專此！此故俗中之一物，而爲堯之外臣耳。（註一五）

蓋孤高之士，本爲脫却世網而表現爲對俗情之超拔，若浮慕孤高之名以處於山林巖穴，則反落入格套而成有待，非能「無心玄應，唯感之從」也。向郭由阮氏之斥隱士矜心爲高，進而有適性而不矜心方得逍遙之說，此處實顯出其超脫之智悟與卓越之綜合力，於學術史上，亦後出轉精之一例也。

其次言嵇康。

康頗具哲思，與向秀相處甚密。康爲養生論，向秀難之，欲以「發康高致」；而康答難養生論一文，頗具玄思，其理多有與向郭莊注合者，此乃向秀受其影響而言之更精深也。茲檢附二文論及逍遙之旨者於後，以見相承之迹。

適性爲向郭注逍遙遊之主要觀念，然嵇康於此，已導先河。答難養生論曰：

故世之難得者，非財也，非榮也，患意之不足耳。意足者，雖偶耕甽畝，被褐啜菽，莫不自得。不足者，雖養以天下，委以萬物，猶未愜也。然則足者不須外，不足者無外之不須也。無不須，故無往而不乏，無所須，故無適而不足。

此實爲向郭「恣其性內，而無纖芥於分外」之適性說也。若改「意足」爲「性足」則與向郭之逍遙義全同。向郭云：

苟足於其性，則雖大鵬無以自貴於小鳥，小鳥無羨於天池，而榮願有餘矣。故小大雖殊，逍遙一也。（註一六）

此種適性卽逍遙之理論，卽順答難養生論而發揮也。惟嵇意尚不以名位、富貴爲然，故彼又曰：「蓋將以名位爲贅瘤，資財爲塵垢也。安用富貴乎？」此則與向郭之意不同。吾人若順適性說推論，當有富則安之，貧則順之之意，豈可厝心於其間，刻意趨避乎？故向郭適性說不矜心於貧富、壽夭、大小之別，實較嵇意爲圓融也。

此外，如王弼注老，云：「……學求益所能而進其智者也，若將無欲而足，何求於益？不知而中，何求於進？夫燕雀有匹，鳩鴿有仇，寒鄉之民必知旃裘，自然已足，益之則憂。故續鳧之足，何異截鶴之脛？……」（註一七）此實與向郭適性自得、稱體而足之逍遙義相類，惟向郭言之更成系統，而爲一家之言耳。

歷經劉劭等才性論者暨王弼、阮籍、嵇康諸人之先導，吾人可知，向郭逍遙義之出現，實非驟至，而係百餘年來玄學思潮之激盪而成。千里來龍，至此結穴，透過向郭之玄思，遂融莊子玄理之最高境界與現實於一爐而成適性卽逍遙之義。無怪乎呂安嘆爲「莊周不死」（註一八），而當時遊於羿之彀中之諸名士，於汚濁之世間亦可保有精神上之超脫，滿足當時人由個性自覺而來之要求，諸名賢於逍遙篇「不能拔理於郭、向之外」，豈偶然哉！

第三節　向郭逍遙義之內容

向郭之世，尋回自我之呼聲已高唱入雲。然而，另一方面，猜忌狠毒之政治風暴更是方興未艾。由是，如何尋回自我而又能入俗容迹，遂成士階層最高之願望。向郭逍遙義之提出，使時人得於俗情中別見天地，於內心中尋回失落已久之山水田園，恰符合當時士階層之要求，故能「發明奇趣，振起玄風」，而爲諸名賢所不及也。

然而，向郭由思辨、分解之玄學性格所建立之莊學，基本上已限制其生命對莊子智慧之眞正契接，蓋此爲生命修證之事，非純哲學思辨之事，須由「存在之進路」方得證成，玄談上之天花亂墜，無關於此也（註一九）。莊子書中多「謬悠之說，荒唐之言，無端崖之辭」，卽恐人執概念爲眞理，逐而不返，以迷失大道也。惟向郭雖未能眞正體證莊子生命之波瀾壯濶，然其玄旨之解悟，却能相應於莊子生命透顯之玄境，此種智悟亦爲人類生命所迸出之奇光異采，故仍彌足珍貴也。何況向郭之注，本非全屬莊書之附庸，而自有其時代意義與學術價值，吾人實不可輕忽之也。

向郭莊注，以「適性」、「自得」、「足於其性」、「稱能」、「當分」，則「逍遙一也」（註二〇）。然吾人若不於向郭之逍遙義作一剖析，見其來龍去脈，則實不易掌握此諸語之意旨，故本文擬區分向郭之「適性」爲至人主觀心境上所呈現之價值意義與客觀上之現象意義二層次，以分別對應於向郭所透顯出之莊子逍遙境界（註二一），暨其於特殊環境下所發展出之特殊風貌。

甲、價值意義之申發

莊子逍遙遊以「乘天地之正，而御六氣之辯，以遊無窮者，彼且惡乎待哉！」描述體道者逍遙之境界，此境界實即爲「無待」之境界，故莊子又以「至人無己，神人無功，聖人無名」（註二二）顯示此「無待」，由此可知，「無待」實爲莊子所描述之最高境界。

向郭莊注，先由客觀上區分「無待」與「有待」，並以「無待」解說逍遙之境界，實極爲貼切。

向郭云：

故乘天地之正者，即是順萬物之性也；御六氣之辯者，即是遊變化之途也。如斯以往，則何往而有窮哉！所遇斯乘，又將惡乎待哉！此乃至德之人，玄同彼我者之逍遙也。（註二三）

又云：

苟有待焉，則雖列子之輕妙，猶不能以無風而行，故必得其所待，然後逍遙耳，而況大鵬乎！（註二四）

此處即以「無待」、「有待」，區分至德之人玄同彼我者之逍遙，與落於因果依待關係中之芸芸衆生。依莊子義，若作客觀之分解，則有待者之世俗生命，由於成心之有爲造作，將陷入齊物論所謂「與物相刃相靡，其行盡如馳，而莫之能止，不亦悲乎！終身役役而不見其成功，苶然疲役而不知其所歸，可不哀邪！」之虛妄，而實不能達到向郭所謂「得其所待」之逍遙。然而，向郭却不重視此種客觀上有待無待之差異，故其於有待者所處之虛妄世間（註二五），亦無一分解之說明。筆鋒一轉，旋就至人主觀之心境而立論，以渾化有待無待。向郭云：

夫唯與物冥而循大變者，爲能無待而常通，豈獨自通而已哉！又順有待者，使不失其所待，所待不失，則同於大通矣。（註二六）

其神凝，則不凝者自得矣。（註二七）

自此以下至於列子，歷舉年知之大小，各信其一方，未有足以相傾者也。然後統以無待之人，遺彼忘我，冥此群異，異方同得而我無功名。（註二八）

此卽描述通過無待者之逍遙，而使有待之萬物同歸逍遙也。吾人可如是說：客觀而言，萬物並非眞能達到逍遙自在，就萬物自身而言，逍遙僅爲由至人之心觀照下，萬物不復有依待遷流相之自爾獨化境界（註二九），萬物之逍遙乃繫屬於主體之觀照而來。至人之心旣爲一「價值」之超越主體，則其觀照活動卽爲一價值實現活動，故於此種「與物冥而循大變」之道心觀照下，「適性」、「任性」、「足於其性」、「稱能」、「當分」、「自得」等本爲實然意義之概念，遂一轉而爲價值之所在，而同歸逍遙矣。故向郭云：

夫小大雖殊，而放於自得之場，則物任其性，事稱其能，各當其分，逍遙一也，豈容勝負於其間哉！（註三〇）

又云：

苟足於其性，則雖大鵬無以自貴於小鳥，小鳥無羨於天池，而榮願有餘矣，故小大雖殊，逍遙一也。（註三一）

又云：

有待無待，吾所不能齊也。至於各安其性，天機自張，受而不知，則吾所不能殊也。夫無待猶不足以殊有待，況有待者之巨細乎？（註三二）

無待、有待既告齊平，眞俗兩層界限遂告破除，人間世一切之差別、分殊、美醜、蹇通、大小、壽夭，皆可統於無待者之主觀心境而齊歸逍遙。此處實容不下分別心之計較，故曰：「無待猶不足以殊有待，況有待之巨細乎？」一切通歸於道心玄照下任其自分之如如而化，此時若尚就道心所觀照之對象加以分析（註三三），則純屬混亂價值與現象二層次之差異而來之刺謬矣。向郭此種對價值意義之把握，實甚能契合莊子所言至人之化境。如齊物論篇云：

天下莫大於秋毫之末，而太山爲小；莫壽於殤子，而彭祖爲夭。天地與我並生，而萬物與我爲一。

又云：

罔兩問景曰：「曩子行，今子坐；曩子坐，今子起；何其無特操與？」景曰：「吾有待而然者邪？吾所待又有待而然者邪？吾待蛇附蜩翼邪？惡識所以然，惡識所以不然！」

此卽指於至人之心觀照下，一切對立取消，一切事物之際之因果連鎖破除，萬物無缺無憾，咸歸於自爾獨化之境也。在此境界下，成心所執之大小、壽夭等區別性破除，因而可謂秋毫爲大，太山爲小；殤子爲壽，彭祖爲夭（註三四），達到「天地與我並生，萬物與我爲一」也。而客觀上景之有待，亦玄冥於無待中而自得自在矣。此亦卽南郭子綦透過「吾喪我」之工夫修證後，所透顯之「夫吹萬不同，而使其自己也，成其自取，怒者其誰邪！」之「天籟」境界也（註三五）。黃師錦鋐曰：

莊子主張要消除對立，忘掉自己的存在，與那混合一體的道化合。喪我則是自我的喪失，自我的喪失，則不見有我，物我一體，以達到無我無迹以至於物我雙忘的境界。（註三六）

卽指此玄冥之境而言也。由此，吾人可知，向郭之適性說，當其就至人主觀心境所呈現之價値意義而言時，實能契合莊子之玄旨，其所謂之適性乃屬老莊式之境界形態，而非楊朱式之放蕩縱欲也。若純視之爲從俗任情之世故思想加以批評（註三七），則無乃是「鷦鵬已翔於寥廓，而弋者猶視乎藪澤」也。

乙、價値意義與現象意義之混淆

向郭逍遙義於至人化境之把握，雖頗相應於莊子之原義，然化境之天機畢竟多宣說不得，若無主體工夫之撐持，則極易視爲現成而流於光景之把捉。如是，聖人主觀心境所呈現之境界，卽被誤認爲客觀事實之存在。且向郭之把握逍遙遊之境界義，旣爲由其解悟而來，而非得之於修證，則與其謂彼等眞正契於聖人境界，毋寧謂彼等乃徒恃其智解妙悟，以求於俗世之行爲中，抹上逍遙乘物之玄境。由是，向郭所把握之聖人主觀化境遂漸向客觀義而趨，價値意義與現象意義乃告混淆。

以上乃就其理論性格說明適性說何以由主觀之境界義滑向客觀之現象義。此外，當時之外在環境對此一轉向更有推波助瀾之作用。此因：

(1)、於當時才性觀念之下，聖人（卽至人）乃屬命定而不可企及，適性說若純就至人主觀心境立論，則屬渺不可及，而與常人脫節。故須於客觀上賦當前之俗境以一「當下卽逍遙」之地位，以滿足玄學背景下，時人意在卽當前之俗境以見玄遠之要求，並彌補才性命定而不得轉化之缺憾。

(2)、對當時遊於羿之彀中之知識分子入俗容迹以求苟命之行爲，須由客觀上賦予一美麗之解釋，以彌補其內心之創傷。

(3)、對身在魏闕、心懷江海之當道，暨浮湛富貴之鄉又欲宅心玄遠之門第世閥之行爲，亦須由客觀上賦予一美麗之說辭，使彼等得以滿足其虛榮之玄心，且肯認生活型態不合當道之意之諸名士，其心態僅爲求其自身之適性，而非對朝廷之嘲諷，以杜彼等之殺機，而得相安共存。

向郭於此種內外交逼之影響下，遂轉由客觀上說明適性、自得、自足卽逍遙之理。如此，則衆人雖未能達至聖人之逍遙，然却可於適性卽逍遙之美麗玄言下，安其所受，在概念中得其精神上之滿足。向郭云：

> 非冥海不足以運其身，非九萬里不足以負其翼，此豈好奇哉？直以大物必自生於大處，大處亦必自生此大物，理固自然，不患其失，又何厝心於其間哉。（註三八）

> 夫質小者所資不待大，則質大者所用不得小矣。故理有至分，物有定極，各足稱事，其濟一也。

（註三九）

此卽由理之必然，以見萬物之必自得自足也。此外，向郭亦由宇宙論立場以說明萬物皆爲「自己而然」、「自爾」、「獨化」（註四〇）。此亦緣於欲由客觀上說明適性卽逍遙之心態也。理論發展至此，至人之心觀照下萬物自爾獨化之境界義遂告消失，價值概念與現象概念因而混淆。

向郭之適性說若作爲一客觀問題處理，則相當繳繞，一切糾謬皆由此而生。如彼等對「性」之內涵旣無所規定，而將存在之實然狀態，舉凡欲、命、遇、能等盡皆包入，則適性豈能必歸逍遙？人心惟危，一路順下，恐不免發展成反面之放任思想也！此與至人之無待境界，豈僅是雲泥之別哉！此外，人投身於客觀之現實中，必有主客相待之磨擦，如何釐定分際，使皆得適性而不相刃相靡，亦屬難以安排之事。凡此種種理論上之觸處生礙，實皆由於向郭混淆適性說之價值與現象兩層意義也。

流弊旣生，莊生之超脫遂下儕於末流之世情，高卓之玄理乃挽不回趨俗之行徑。支遁逍遙遊論曰：「若夫有欲，當其所足；足於所足，快然有似天眞。猶飢者一飽，渴者一盈，豈忘烝嘗於糗糧，絕觴爵於醪醴哉？苟非自足，豈所以逍遙乎？」（註四一）卽爲針對此種失去道心提携之俗情嚴厲之批判。向郭此處透過玄言消解時代逼人之悲劇，恰反映出悲劇本身之難以消解，玄學家逍遙乘物之心願至此而窮，悲哉！

第四節　向郭逍遙義之意義

向郭透過適性卽逍遙之理論，融至人最高之化境於世間俗情之中，將現實世間點化爲人間勝境，使時人得於煩瑣之世務中，保存超越世務之玄思。其言雖未必深契莊生之本旨，然却能「發明奇趣，振起玄風」，使聞者莫不自足一時，則必有可觀者也，茲略述其所反映之意義，以見其能風行一時之故。

甲　適性說開闢內心之山水田園

向郭以適性爲逍遙，於現實上之意義，乃是爲當時苦悶之士人，構想出一內心中之山水田園，亦卽以最高境界美化俗情，使現實生活之雜多、沈濁，於玄思下皆化爲單純、清朗。如此，則身陷世網者，仍可保有精神上之超脫也。茲分述之：

(1)、政治壓力下，得保心靈之逍遙

魏晉之際，爲「務伐英雄，誅庶桀以便事，不及脩公劉、太王之仁也」（註四二）、「天下多故，名士少有全者。」之時代，人民生命至此已成朝不保夕之偶然存在，尤以士人更備受摧殘，處此血河淚海之世間，外界理想之追求已成非分之想，隱逸山林似爲最佳之生路，然證諸嵇康之見殺，鍾會廷論之辭云：「康上不臣天子，下不事王侯，輕時傲世，不爲物用，無益於今，有敗於俗。」（註四三）則辭官不爲、未奔走權門，皆爲得罪當道之因。可見無遠弗屆之政治力已不許人間留有片寸乾淨土以自保清明矣。外界之山水田園既不可得，然人終有向上之一念，回歸內心，另闢一不爲外界左右之山水田園，遂成惟一之出路。向郭適性說之提出，恰能賦予當時諸人之內心以一高超之玄境，使諸人於侷促之政治壓力下，仍得保有心靈上之逍遙，將不可得之於外之山水田園呈現於內心，實有相當大之時代意義。

(2)、隱仕無常者，得免行爲之矛盾

依晉書本傳所載，向秀本有「箕山之志」，郭象少時「州郡辟召不就」，是二人本皆無意於仕途，然却旋又出仕，象且「任職當權，薰灼內外。」前後期截然不同之行徑雖或有難言之隱，然無疑充滿矛盾。且此種隱仕無常之行爲，於魏晉人物，屢見不鮮，與向秀同時之山濤，即因此而被孫興公「吏非吏，隱非隱」之譏。對此種行爲上之矛盾，無論爲杜絕外界悠悠之口，或彌補自己心靈之創傷，皆須有一理論上之疏解，向郭之適性說正可爲此種隱仕無常之行徑作一合理之解釋。故黃師錦鋐云：

郭象的逍遙義，有他主客觀環境所造成的因素，和他理論的根據。在主觀的環境說，……前期則是像隱士的生活，後期是任職當權，聲勢顯赫的生活，這兩種生活是有矛盾的。在客觀的環境說，這種隱居與出仕矛盾的生活，在魏晉時代的人物中，不在少數。（註四四）

又云：

他爲了要替這種矛盾的行爲，找一個理論的根據，所以他就根據莊子書中「周將處材與不材之間」，以及「無可奈何」，「固有所不得已」的理由，安於「無所逃於天地之間」，把名教自然合而爲一，也就是把「隱居」和「出仕」調和起來，所以他必須認爲小大都可以逍遙，就是隱居也好，出仕也好，都是相通的。（註四五）

適性卽爲安於所受，故向郭云：

庖人尸祝，各安其所司；鳥獸萬物，各足於所受；帝堯許由，各靜其所遇；此乃天下之至實也。各得其實，又何所爲乎哉？自得而已矣。故堯許之行雖異，其於逍遙一也。（註四六）

在此，隱仕已調而爲一，向秀答文帝「聞君有箕山之志，何以在此？」之問，云：「以爲巢許狷介之士，未達堯心，豈足多慕。」（註四七）卽係此一思路下之理論。如此，則隱仕無常者—浮慕富貴而任職者、甚或爲求避禍，入俗容迹以出仕者，皆可安其所行，不復有內心之矛盾，而謂同歸逍遙矣。

(3)、浮湛富貴者，得託高遠之玄思

魏晉士人之宅心玄遠，大抵偏於情趣之培養，限於思辨之賞玩，而非落實於生活實踐。彼等雖雅好老莊，然老莊之眞精神並未能進入其內心，彼等之現實生活，恆以富貴爲念而極端之庸俗瑣碎也。如列名竹林七賢，以「簡要」、「淸尙」見賞於鍾會、阮籍之王戎，其現實生活卽相當庸俗。王隱晉書載：

戎好治生，園田周偏天下，翁嫗二人，常以象牙籌，晝夜算計家資。（註四八）

實則此種貪戀祿位又雅詠玄虛者，於魏晉人士，屢見不鮮。嵇含云：「畫眞人於刻桷之室，載退士於進趣之堂。」、「借玄虛以助溺，引道德以自獎，戶詠恬曠之辭，家畫老莊之象。……嗟乎，先生高跡何局，生處巖岫之居，死寄彫楹之屋，託非其所，沒有餘辱。」（註四九）卽此種以富貴爲念又欲宅心玄遠者之寫照。此種不諧和之事集於一身，彼等不能不有矛盾衝突。向郭適性卽逍遙之理論，卽能爲彼等庸俗奢華之陋習塗上一層美麗之色彩；透過玄思，提昇俗世之行爲成絕妙勝境。浮湛富貴者遂可一邊淸談老莊，一邊招權納賄，而不覺衝突矛盾矣。

向郭此種超脫於現實生活之層層黑霧，直就各人內心安立之山水田園，於理想失墜，遍地混濁之世，實能爲心存玄遠者另闢一新天地；且其對當時名士種種乖謬之行爲皆有一合理之解說，使現實生活之鄙陋，不礙於心靈之翺翔於九霄。則其說法之時代意義，實不容忽視。

乙　適性說顯示最高之個人意識

人爲一群體動物，然社會所塑造之一切價値標準、生活模式，往往形成楲飾之患、鞭策之威，使人處於其間，傷身害性而不得超拔。尤以一人專制之局形成後，在位者假藉「作之君」、「作之師」，對他人所作肉體、精神之凌越，以及由權勢所形成之種種枷鎖，更令人有「無所逃於天地之間」之嘆，向郭承當時個人意識醒覺之勢，一面透過莊子以吸收其高度之玄理，一面改造莊子以適應當時之環境並撫慰內心，故其言性，並不限於某一特定之層次，而特重人物差別之性或獨性（註五〇），各人既自爲一獨性，則不必要求其轉化。各適其性，天機自張，聖人亦無以異乎凡人，而皆齊一，同逍遙，聖人乃不必羡慕矣。此說實卽承認人人皆有獨立存在，不受任何格套權威束縛之價値。此種不依特定標準對他人作價値判斷之心態，實源於個性自覺下，極度尊重個人價値之背景。而適性卽逍遙之說，更將殊異之個體，皆推至最高之境界，東漢末季以降所要求之個體自由，至此已可於玄理上獲得最高之滿足。

丙　適性說安頓紛馳之性命之情

人生於世，恆有一自感不足，以求超越當前之自我，而外羡外慕之情。上焉者求成聖成賢以立德立功立言，下焉者則求名利富貴，以足情欲。然吾人已知，魏晉之世爲一天下滔滔，民命土芥之世，處此境地，微弱之生命猶如狂風中之衰草，苟全生命已屬不易，多餘之理想、奢求，僅會形成對人心更大之斲傷。當時盛行之才性觀念，以人之材質情性爲天生氣稟而無可轉化，恰爲此種無奈心情之反映。然人心究非土石，安能日與物接而無動於衷，馳騖於外之生命，遂遭時代巨輪壓得粉碎，而人類之悲劇乃層出不窮矣。向郭適性說之提出，恰能破除生命外羡外慕之紛馳，以自安於生命之情。向郭云：

苟知其極，則毫分不可相跂，天下又何所悲乎哉！夫物未嘗以大欲小，而必以小羡大，故舉小大之殊各有定分，非羡欲所及，則羡欲之累可以絕矣。夫悲生於累，累絕則悲去，悲去而性命不安

者，未之有也。（註五一）

蓋於適性、自得、自足卽逍遙之理論下，性分自主觀而言，皆自足圓滿，增之減之，俱不相宜，反足以破壞其自足之圓滿性，因而，非但大鵬無以殊於小鳥，聖人亦不高於凡夫矣。凡聖之界破除，生命之紛馳亦告消解，處於亂世之魏晉人士，遂能各得其所得，各美其所美，各是其所是，各然其所然，以安於所受而達於逍遙之境也。

丁　適性說蘊涵多層之藝術境界

玄學之性格，實用性甚淡薄，就某一意義而言，卽爲脫却俗網之重濁，別尋一純美趣之天地，當時之人於人物風姿之觀賞、智悟境界之嗟嘆，生活情調之講求，皆其顯例也。向郭適性卽逍遙之理論，雖非著重於純美趣之追尋，然恰可涵有多層面之藝術境界，而與時代心靈息息相通。玆分而述之：

(1)、人物風姿

魏晉之世，時代精神變遷，人生之理想境界亦不同於往昔，當時之人倫鑒識卽除却外在之種種事功德業，專依被品評人物個性所表現之特質、外形之神采風貌，以作品題之準則，此等心態，實可代表當時之一般思潮，錢穆先生謂：「將人物德性、標格，以自然界川嶽動植相譬，亦可見當時人之情調與趣，轉嚮於文學與藝術之一種趨勢。」（註五二）是也。個性特質、神采風貌，純指被決定之材質，而與儒家之道德規範無關，因而亦不涉及改造或培養之問題，祇能將一切分殊與差別皆還之於其自身，視爲美感對象加以觀賞，故此時客觀之對象卽成爲一藝術性、審美性之對象矣。

審美觀照力之培養，有待於藝術心靈之提昇，莊子之虛靜心，就美學意義而言，乃藝術精神之主體，故至人之心觀照下萬物自爾獨化之境，實卽有限之萬物，於至人之慧眼中超化，一切皆象徵天地之美之境界。魏晉之人倫鑒識，以超實用之藝術品鑒，觀照出人體形相後之「神」、「風」、「清」、「虛」、「簡」、「達」、「遠」、「朗」等藝術風貌，固爲東漢末季以降人倫鑒識之發展，然莊學之影響實不容忽視，蓋彼等雖未能由工夫修養達至莊子「天地與我並生，萬物與我爲一」，以朗現整個藝術境界，然彼等由莊學所形成之玄、遠、清、虛之生活情調，仍有助於心靈之提昇也。

向郭於魏晉藝術情調濃厚之氣氛曁莊學之薰陶下，其適性說實涵有萬物呈現出其自身之藝術風姿之意味。如其謂聖人，則云：「聖人雖在廟堂之上，然其心無異於山林之中。」謂神人，則云：「神人者非五穀所爲，而特稟自然之妙氣。」謂蜩與學鳩，則云：「榮願有餘。」（註五三）謂蟪蛄斥鴳，則云：「欣然自得」、「榮願以足。」（註五四）此固皆狀萬物逍遙之狀，然亦可說卽爲向郭透過藝術性之發現能力，從萬物適性之外在形相中，發現其內在之藝術趣味。「其心無異於山林之中」、「稟自然之妙氣」、「榮願有餘」、「悠然自得」，卽當時人倫鑒識中，所謂之「遠」、「清」、「淡」等之風姿也。

此外，向郭之適性說亦與當時人倫品鑒者捨棄道德之要求，專從美學觀點對人才性、情性之種種姿態作品鑒之論述有其相通之處。蓋適性乃就被決定之材質而任之順之，故聖人、凡人，自性分自足之觀點而言，皆齊一、同逍遙，此亦可謂係於藝術心靈觀照下，芸芸衆生之一切分殊與差別，皆還之於其自身，視爲美感對象加以觀賞也。

故吾人可謂，向郭適性說所涵「萬物以其獨特風姿呈現」之藝術境界，實通於當時之人倫鑒識視人物爲藝術性、審美性之對象也。

(2)、義理玄辭

適性說之提出，本爲時代問題所逼成，然此種由思辨進路所建立之玄學，是否眞能安頓時代心靈，實大有問題。蓋玄學本質爲哲理之解悟，而非生命之修證，抽象之智悟，豈能彌補存在之悲情，故其適性說之實用性，實值得懷疑也。然彼等於塵世外所闢建之精神王國——適性說之玄理本身所呈現之藝術境界，其中義理之妙，言辭之美，恐更令人醉心也。高妙之玄理，旣能寓玄遠之思，呈現一片藝術情趣；且可不切人事，兼可避禍。正視此點，則於魏晉玄學發達之由，或可多一瞭解之線索。

(3)、主觀心靈

人物風姿、義理玄辭所呈現之藝術境界，乃繫屬於主觀心靈藝術性發現能力之觀照，故向郭言適性卽逍遙時，對人物風姿、義理玄辭之欣賞，實隱涵背後有一可觀照出藝術境界之欣賞者。

就莊子本義而言，有限之萬物，於至人之慧眼中超化，一切皆象徵天地之美之境界，固屬至人達於逍遙後之精神解放狀態，然實亦爲主體擺脫現實之實用觀念，而達於「純粹無關心地滿足」（註五五）之藝術境界。此時至人之主體乃成純觀賞之「情意我」（註五六），而此「情意我」本身卽顯一藝術境界也。

向郭實質上雖未能達到至人之修養，然其智悟玄解仍有助於生活情調之超脫，而使審美之觀照力提昇，當主觀心靈由觀照而審美時，卽可表現出心意中之藝術境界矣。

以上所言向郭逍遙義所反映之意義，並不一定爲向郭所曾明確意識，然却爲其說法所涵有。吾人可謂向郭之適性說爲一包容性極廣，與時代心靈關係極密切之理論，諸名士於此皆能「各取所須」，無怪乎此論一出，衆說皆息，而能「大暢玄風」也。

第五節　向郭與莊子逍遙義之區別

以述爲作，乃吾國先哲立言之常則，於此用心下，不免扭曲原說以求傅合本身之思想，向郭莊注，卽其顯例。其對原著所作別具用心之發揮，使注文與原著大相逕庭，前人「莊子注郭象」之說，非虛言也。二者既有如此之差異，而以向郭莊注所具有之獨立價值，暨其於莊學中居高壟斷之權威地位，則吾人自須於兩者之間有所釐清，以凸顯其各自之勝場，茲略述向郭與莊子逍遙義之歧異。

甲　思辨境界與修證境界之別（註五七）

由用見體，由工夫開顯境界，爲著重實踐之中國哲學之一大特色，然而魏晉玄學於此却另闢蹊徑，玄學家所熱衷者，卽爲透過抽象之玄思智悟，以探幽入微，彼等於工夫之修證，素不關切，王弼之解易、老，向郭之解莊，其顯例也。向郭之逍遙義，雖於莊子之最高境界有相當之瞭解，然其由「思辨之進路」所建立之玄學，僅爲理智之產物，基本上已限制彼等對莊子學術之眞正契接，蓋此乃生命之學，須經「存在之進路」，由工夫以證成，玄言妙解，非關得道也。

莊子於「逍遙遊」篇，以「無待」（註五八）標擧出得道者之境界：

若夫乘天地之正，而御六氣之辯，以遊無窮者，彼且惡乎待哉！故曰：「至人無己，神人無功，聖人無名。」（註五九）

此爲一博大無礙、主客冥合之精神境界，然欲達此境界，非經由精神修養之工夫入手不爲功。「無己」、「無功」、「無名」，卽爲入手之工夫（註六〇），用以超脫形軀官能與世俗之功名利祿所成之枷鎖。此種精神修養之工夫，莊子於他處亦屢屢提及，如齊物論篇「墮枝體，黜聰明，離形去知，同於大通」之「坐忘」；人間世篇「若一志，無聽之以耳而聽之以心，無聽之以心而聽之以氣」之「心齋」等皆是也。此種工夫提示，充斥於莊子各篇，可見彼極爲重視工夫之修證。畢竟，欲達至逍遙之境界，非經工夫上深刻之沈潛，曷克臻此，其中絕無便宜可撿。逍遙遊篇大鵬怒飛之寓言，正象徵人類脆弱之生命，經歷不斷之工夫開展，亦可達至逍遙之境也（註六一）。

向郭之逍遙義，渾化有待無待，以適性爲逍遙。此種玄旨，雖能表出莊子中無待者之化境，然向郭所把握之化境，乃由其思辨而來，實與莊子中無待者植基於工夫修證而朗現之「一逍遙，一切逍遙」之化境有本質之差異。如向郭對逍遙所以可能之超越根據——「道心」之內容，即不能有充分之體認，其所言之「性」，絲毫不具價值意義，不曾如莊子以「靈府」、「靈台」、「眞君」、「眞宰」、「眞知」、「葆光」、「常心」、「虛靜心」（註六二）等，規定「道心」之內容。價值主體不立，則人之自然生命如何轉化成價值生命，亦即如何由通常之「有待」以進至「無待」，即不能解說，因而向郭僅能於化境上立言，對於莊子在思想過程中所具有之層層反省，種種破執顯眞之工夫過程皆茫然不解，遂忽視工夫實踐之莊嚴性，僅醉心於莊子空靈順適之理境，因而逍遙之遊，亦僅能呈現於彼等玄思冥想之境而已。

吾人可謂，適性即逍遙之境界，並不能眞正呈現於思辨觀想之中，亦非現實界中客觀之事實，而是修養工夫到至人境地時，方能有之無礙境界。向郭由於缺少工夫上之層層修證，故其由玄思而來之「適性即逍遙」之說，遂不易撐住，僅成爲光景之玩弄，適性說乃可一轉而爲本能物欲之滿足，而失去其高超之一面。於此可知，未經工夫之艱苦，化境豈可多言，因境界乃工夫圓熟後之自然呈現，非可得之於玄思狂言，向郭之適性說雖有其特殊之時代意義，若作爲一生命理想之指標，實無補於生命之荒涼也。

乙　眞俗齊平與眞俗兩分之別

從價值觀點而言，人之心可分判爲兩層：一爲成道之心，或稱爲「道心」；一爲下墮流走之心，或稱為「人心」（註六三）。吾人由先秦文獻，已可瞭解當時人對人心之戒懼，如孔子於顏淵僅許以「其心三月不違仁」，自謂「七十而從心所欲不逾矩」。老子謂「心使氣曰强」，「虛其心，實其腹，弱其志，强其骨。」凡此之言，皆深知人類病痛之根源在心，得救之希望亦在心，而思有以針砭也。莊子出，對人之心更有詳備之反省與解說。

莊子之學，於成道惟艱之體驗下，基本上對「人心」（註六四）有較清楚之認識，故客觀上對眞俗二層世界之區分頗為著重，莊子深知在「有己」、「有功」、「有名」、「有蓬之心」等成心所開顯出之世界，為一「與物相刃相靡」、「其行盡如馳，而莫之能止」之含有反面價值意味之世界，人之生命，將在此種無明造作中流為虛妄（註六五）。然而，生命之虛妄並非本然而不可移易，透過「心齋」、「坐忘」等工夫修證，則虛妄盡去，眞我朗現，成心卽可轉化為道心（註六六）。道心所開顯出之價值世界卽為「乘天地之正，而御六氣之辯，以遊無窮者」之無待逍遙世界，故莊子於逍遙遊中，特以大鵬怒飛之寓言，為芸芸衆生標舉出一高超之人生理想，象徵得道者之無待逍遙境界，以與衆人之心志，又以蜩鳩象徵有蓬之心者之渺小淺陋與不識大知。「小知不及大知，小年不及大年」卽莊子對無待之道心與有待之成心所開顯之眞俗二層世界，所作之區分。

向郭之把握逍遙義，既非得之於修證，因而對成道之艱辛與成心之虛妄，皆無深刻之體認；而其玄理相應於現實時，亦須力求圓滿玄妙，故其立論遂忽視客觀義上眞俗兩層世界之區分，而渾化有待與無待，謂：「小大雖殊，而放於自得之場，則物任其性，事稱其能，各當其分，逍遙一也。」此時無待與有待雖不能齊，亦可「各安其性，天機自張」，故至人之無待終無殊於芸芸衆生之有待也。在此種「無待猶不足以殊有待，況有待者之巨細乎？」之理論下，大鵬小鳥乃同歸逍遙，眞俗兩層世界，遂告齊平。

眞俗既告齊平，適性卽爲逍遙，則「有蓬之心」、「有己」、「有功」、「有名」等莊子所要化除之「非本然之自我」，於向郭之玄論下，乃皆得其意義。向郭云：

> 蓬，非直達者也。此章言物各有宜，苟得其宜，安往而不逍遙也。（註六七）

又云：

> 夫心之足以制一身之用者，謂之成心。人自師其成心，則人各自有師矣。人各自有師，故付之而自當。（註六八）

道心、成心所開顯之兩層世界既渾化爲一，於是莊子轉俗成眞之超拔，遂一易而爲移眞從俗之下墮流走矣。

丙　稱體自足與超拔提昇之別

由於向郭忽視生命境界層層轉進之艱難，而一味求玄論玄思之超脫，因而並未能從工夫上求眞正之超拔，祇能以玄思領悟至人順適輕靈之化境，更進而以至人主觀心境映照下之化境爲現成。（註六九）遂使彼等於「適性卽逍遙」之妙論下，忽視莊子義理「摶扶搖而上」，次第向上拔起之波瀾壯濶，落於祇如鴳鳩之自足於蓬蒿之間也。

莊子理想之生命境界爲「乘天地之正，而御六氣之辯，以遊無窮者」之無待境界，此亦即天下篇所云：「獨與天地精神往來」、「上與造物者遊，而下與外生死無終始者爲友」之至足境界。逍遙遊篇卽以寓言之方式，由怒飛之大鵬與翺翔蓬蒿間之斥鴳之對比，顯示出此種精神生命至足無待與自然生命自足自限之兩種生命形態之差異：

窮海之北有冥海者，天池也。有魚焉，其廣數千里，未有知其修者，其名爲鯤。有鳥焉，其名爲鵬，背若泰山，翼若垂天之雲，摶扶搖羊角而上者九萬里，絕雲氣，負青天，然後圖南，且適南冥也。斥鴳笑之曰：「彼且奚適也？我騰躍而上，不過數仞而下，翺翔蓬蒿之間，此亦飛之至也。而彼且奚適也？」此小大之辯也。

此寓言於逍遙遊中重複出現，且揭示於篇首，故其意義頗可注意。鯤鵬鴳鳩雖不可能有生命價值之反省，然此處却象徵隱喻人類精神生命之不同層次，莊子於前文所下之斷語：「之二蟲又何知！小知不及大知，小年不及大年。」卽明示吾人之生命可有高下大小之殊，次第升進之義也。於此寓言，鯤象徵人類潛能之無限，唯有「其廣數千里」之鯤，方能化爲「背若泰山，翼若垂天之雲」之鵬，代表人類經工夫之沈潛，方可有生命境界之昇華也。鵬之高飛於南冥，卽象徵吾人之工夫涵養成熟，自然承體起用，以開展無限之價值生命，成就逍遙之遊也。故隨後莊子又舉出四類人物，以代表人世間所謂小大之區別，用以說明人生修養境界可有不同層次之轉進，前三類人物以「知效一官，行比一鄉，德合一君，而徵一國者」、「舉世而譽之而不加勸，舉世非之而不加沮，定乎內外之分，辯乎仁辱之竟」之宋榮子、「御風而行」之列子爲代表，此三類人物雖有小大之別，然仍處於有待之境，不能逍遙而遊，至第四類人物方眞正開顯出逍遙境界：

若夫乘天地之正，而御六氣之辯，以遊無窮者，彼且惡乎待哉？故曰：「至人無己，神人無功，聖人無名。」（註七〇）

此時修養工夫成熟，自我之封界取消，我與物冥，於無執無取之心境下，生命遂能無所待於外而全然自由奔放也。

由此可見，人類精神生命之超拔，價值理想之達成，絕非可得之於現成，而須經歷層層轉進，步步翻騰而上也，若能沈潛於人生理想之追求，則有待之自然生命，亦可提昇爲逍遙無待之至足也，而此至足之境卽爲莊生之人生理想。

然而，向郭却反對任何價值理想之追求，認爲人人皆應安於現實之中而不必有所企羨，故以「得性爲至」之立場，賦小大以平等之地位。向郭云：

各以得性爲至，自盡爲極也。向言二蟲殊翼，故所至不同，或翺翔天池，或畢志榆枋，直各稱體而足，不知所以然也。今言小大之辯，各有自然之素，既非跂慕之所及，亦各安其天性，不悲所以異，故再出之。（註七一）

又云：

苟足於其性，則雖大鵬無以自貴於小鳥，小鳥無羨於天池，而榮願有餘矣。故小大雖殊，逍遙一也。（註七二）

此時，滿足於自然生命之「適性」遂成爲逍遙之必要條件與充足理由。設使有待者企慕無待者之逍遙無待之遊，而思提昇其生命境界，翻成違反適性之旨而不得逍遙矣。故向郭云：

故舉小大之殊各有定分，非羨欲所及，則羨欲之累可以絕矣。夫悲生於累，累絕則悲去，悲去而性命不安者，未之有也。（註七三）

又云：

若夫知見可以欲爲而得者，則欲賢可以得賢，爲聖可以得聖乎？固不可矣。（註七四）

精神之超拔提昇於向郭眼中既成有累而可悲，人類生命之價値自覺與向上發展之幾因而斲傷，人性因而亦等同於物性之一體平鋪，而失去向上次第拔起之一面，本是人生奮鬥與實踐而得之逍遙境界乃被視爲一種便宜與現成，而使小知小見之人得有美麗之藉口，以陶醉於本能之自然生命，永無超拔之念也。頽廢之名士加上適性思想之推波助瀾，難怪乎後人有「道德壞於名士」之嘆也，然此豈是莊生論逍遙之本意哉！

丁　順俗妥協與莊嚴批判之別

向郭序莊子，謂莊生「未始藏其狂言」。實則，莊生於其狂言中，實涵有對世間俗情、時代問題之莊嚴批判，其謬悠之說、荒唐之言、無端崖之辭中，仍隱藏有無限之悲情也。

逍遙遊所描述者，爲一精神自由解放之境界，然此境界若求其實現，消極上至少須植基於二條件：一爲世俗價值觀念之破除，一爲政治毒害之消解。世俗之價值，如功、名、富、貴、權、勢等，皆爲成心之執限性所形成，束縛人類心靈之自由開展，故莊子以己、功、名爲此等世俗價值之代表，標舉「至人無己」、「神人無功」、「聖人無名」，要求打破此種世俗價值之局限性，以達於逍遙無待之境。於此種要求下，莊子對沾滯於世間俗情者加以批判，彼以「之二蟲又何知」、「小知不及大知，小年不及大年」批評蜩鳩心靈之閉塞，隱喻俗人蔽於淺見，不知至人境界之高遠；藉宋榮子之冷笑，批評「知效一官，行比一鄉，德合一君，而徵一國者」之心靈層面，僅能與經驗世界之浮名虛譽相應，而不知有超越於條件系列之無待境界；又以「猶有蓬之心」批評限於世俗之實用觀點，言大瓠無用之惠子，間接批評世人限於世俗價值之成見而來之封閉心靈。凡此種種之世俗價值觀念，皆爲通往逍遙境界之障礙，故莊子挾其無端崖之筆力加以嚴厲之批判也。

此外，吾人若考察莊子逍遙思想出現之歷史基源，即可發現此思想之產生，實含有對當時政治、文化之流弊深刻批判之精神。莊子時代，周文之政治形式已告僵化，且淪爲大盜竊國之護符，政治之毒害正刻骨腐心侵蝕當時人之身心，人民於危懼、戰慄、朝不保夕中，生命宛如霜威下之衰草。此種情狀，黃師錦鋐有精彩之敍述：

莊子是活動在梁惠王和齊宣王在位的時候，剛好那個時代正是到處戰爭，社會極端混亂，所謂

「殺人盈城，殺人盈野」的時代，加以連年荒歲，百姓流離失所，逃亡四方，而在上位的諸侯及大臣，只知道唯利是圖，而且還自以爲是仁君哩！（註七五）此時，如何重新安頓人生理想，實爲一迫切之問題。莊子逍遙觀念之提出，從正面看，爲凸顯一無拘無束之生命主體以安頓人生；從反面看，卽須化除一切有蓬之心之造作與執著。在此意義下，必然涵有爲政者敞開一切，「不禁其性，不塞其原」（註七六），以成全萬物之要求。因而，莊子心目中之「明王之治」卽爲：

> 功蓋天下，而似不自己；化貸萬物，而民弗恃；有莫擧名，使物自喜；立乎不測，而遊於無有者也。（註七七）

於此要求下，對於不足以安頓人生，且形成政治毒害，腐蝕性命之情之周文之政治形式，莊子遂亦予以嚴厲之批判：

> 故意仁義其非人情乎？自三代以下者，天下何其囂囂也？且夫待鉤繩規矩而正者，是削其性也。待纆約而固者，是侵其德也。屈折禮樂，呴俞仁義，以慰天下之心者，此失其常然也。……故嘗試論之，自三代以下者，天下莫不以物易其性矣。（註七八）

> 自三代以下者，匈匈焉終以賞罰爲事，彼何暇安其性命之情哉！……天下將安其性命之情，之八者（註七九）存可也，亡可也。天下將不安其性命之情，之八者乃始臠卷傖囊而亂天下也。（註八〇）

由上可知，逍遙遊之理想境地，並非寄託於世外桃源之中，其思想亦非消極避世之思想。近人喜言先秦哲學之基源思想，源於由時代擔當而來之憂患意識，則莊子之思想，恰可代表另一形態之憂患意識（註八一）。而其勇於承擔人類命運之性格，遂逼使其不得不對世間俗情、政治毒害，有嚴厲之批判也。

萬物適性，放於自得之場，皆得逍遙之說，於玄理上本爲至人沖虛之主觀心靈觀照下之渾化境界，向郭以此解逍遙，亦能於某種層面上把握莊子逍遙義之玄旨。然向郭適性說之提出，既有入俗容迹之企圖，故極易視此爲客觀之理，而於現實上視適性卽爲逍遙；且「性」之內容既無特殊之規定，則一路順下，極易變成順俗外道。因而，向郭之逍遙義所把握之境界實是飄浮無根，其玄言玄旨，反成爲掩飾其順俗妥協思想之美麗煙幕。如刻意篇云：

刻意尙行，離世異俗，高論怨誹，爲亢而已矣；此山谷之士，非世之人，枯槁赴淵者之所好也。語仁義忠信，恭儉推讓，爲修而已矣；此平世之士，敎誨之人，遊居學者之所好也。語大功，立大名，禮君臣，正上下，爲治而已矣；此朝廷之士，尊主强國之人，致功幷兼者之所好也。就藪澤，處閒曠，釣魚閒處，無爲而已矣；此江海之士，避世之人，閒暇者之所好也。吹呴呼吸，吐故納新，熊經鳥申，爲壽而已矣；此道引之士，養形之人，彭祖壽考者之所好也。

莊子此處實批評未能「恬淡寂漠虛無無爲」之人，不合「天地之道，聖人之德」。然向郭却謂：

此數子者，所好不同，恣其所好，各之其方，亦所以爲逍遙也。

此種順自然生命之所好而言逍遙，實悖於莊子之原意。向郭既由客觀之理於現實上視適性卽逍遙，則極其至，一切之世間俗情皆合理而不可批判矣，彼承認成心之價值而順其流蕩，皆源於此一見解：

夫自是而非彼，美己而惡人，物莫不皆然。然，故是非雖異而彼我均也。（註八二）

夫心之足以制一身之用者，謂之成心。人自師其成心，則人各自有師矣。人各自有師，則付之而自當。（註八三）

成心既「付之而自當」，則對於沾滯世俗價值者，以及造成政治毒害之不合理因素，皆須順之而不可加以批判。且郭象本人之「任職當權，薰灼內外」，以及浮湛富貴之鄉之諸名士，甚至荒淫兇殘之司馬氏，亦皆各得其所，而同歸逍遙矣。發展至此，莊子逍遙義之批判精神已完全消失，此實爲莫大之反諷。

惟向郭雖未能深切掌握莊子之逍遙義，其適性說却能將莊子之逍遙化境於純理上推演至極致，而老莊哲學於玄風盛行下有此純理之發展，亦屬勢所必至。吾人瞭解向郭與莊子逍遙義之區別，以釐清雙方義理之分際卽可，對向郭玄論之悖乎莊旨，亦不必予以苛責也。

第六節　向郭逍遙義之反響

劉義慶世說新語文學篇云：

莊子逍遙篇舊是難處，諸名賢所可鑽味，而不能拔理於郭向之外。支道林在白馬寺中將馮太常共語，因及逍遙。支卓然標新理於二家之表，立異義於衆賢之外，皆是諸名賢尋味之所不得。後遂用支理。

據此，可見向郭之逍遙義一出，乃獨步一時，爲諸名賢所共用。後支遁逍遙新義出，較向郭之說尤爲高卓，遂取代向郭辛苦建立之地位。惜其說今存者則僅世說此條劉孝標注所徵引之片段而已。其言云：

夫逍遙者，明至人之心也。莊生建言大道，而寄指鵬鴳，鵬以營生之路曠，故失適於體外，鴳以在近而笑遠，有矜伐於心內。至人乘天地而高興，遊無窮於放浪；物物而不物於物，則遙然不我得，玄感不爲，不疾而速，則逍然靡不適，此所以爲逍遙也。若夫有欲，當其所足，足其所足，快然有似天眞。猶饑者一飽，渴者一盈。豈忘烝嘗於糗糧，絕觴爵於醪醴哉？苟非自足，豈所以逍遙乎？

支氏之言，顯係針對向郭而發（註八四），一面批評向郭之適性說，一面則藉以顯示其立場。其論「才藻新奇，花爛映發」，令人「披襟解帶，流連不能已」（註八五），則必有超乎流俗之見者，玆略述之：

支遁家世事佛，早悟非常之理，其著述雖多已亡佚，然就所遺篇目而言，知其於般若經用功極勤（註八六）。東晉哀帝卽位，遁止東安寺，講道行般若，白黑欽崇，朝野悅服，其般若學且於中國早期般若學之「六家七宗」（註八七）中，列爲卽色宗，可見其沈浸之深。故陳寅恪、湯用彤二先生皆謂支遁逍遙新義爲佛教般若學格義（註八八），陳氏且進而認定道林乃取道行經以釋莊子逍遙義矣（註八九）。

陳、湯之說雖極可信，然道林有關般若學之著作，除要鈔序外（註九〇），今已全佚，玆據後人傳述，擧其說如下：

(1)、僧肇不眞空論云：「卽色者，明色不自色，故雖色而非色也。」

(2)、元康肇論疏云：「今尋林法師卽色論，無有此語。然林法師集別有妙觀章云：『夫色之性也，不自有色，色不自色，雖色而空。』今之所引，正此引文也。」

(3)、慧達肇論疏云：「支道林法師卽色論云：『吾以爲卽色是空，非色滅，空。』此斯言至矣，何者，夫色之性，色不自色，雖色而空，如知不自知，雖知恒寂也。」

(4)、文才肇論新疏云：「東晉支道林，作卽色遊玄論，……彼謂青黃等相，非色自能，人名爲青黃，心若不計，青黃等皆空，以釋經中色卽是空。」（註九一）

(5)、山門玄義卷五：「支道林著卽色遊玄論云：『夫色之性，色不自色，不自，雖色而空，知不自知，雖知而寂。』彼意明：色心法空名眞，一切不無空色心是俗也。」（註九二）

惟以上各家傳述之文，乃透過各自之瞭解而加以綜述，故義頗不一。然歸約之，厥有二義：一爲「色不自色」，故「色卽是空」；一爲「因心而起色」，故「色復異空」（註九三）。如此，則支遁般若學之卽色義已與其逍遙義之形式相通矣。黃師錦鋐於「郭象」中，對此有精闢之論述：

> 「物物而不物于物」正是「色色而不滯于色」。「色不能自色」和「物不能自物」的意義也相通。而只有「至人」之心，可以色色，也可以物物，心與萬物感通，因應無窮，看他是動的，其實也是靜寂的，所謂「萬聲的鐘響，但響只是一而已。萬物感通聖人，聖人也只是寂以應之而已。」所以支道林主張「寂」不必也不可能離開了「動」來求得，「無」不必也不可能離開了「有」而求得，這樣的「寂」只能因應，而「至人」就是「寂以應之」。這些意見，正是支遁逍遙遊義的理論根據，這樣的「至人」就超出了向（秀）、郭（象）的「冥于內而游于外的至人」的範圍了。而向（秀）、郭（象）的意見，是「物自物」，不是「物物而不物于物」，……向郭所說的「物自物」，顯然的和支遁所說的「物不自物」、「色不自色」的意義相異。向（秀）、郭（象）是把現象和本體，也就是有和無的綜合，……支遁的逍遙義則是現象與本體的冥化，……是「有」、「無」俱冥。在形式上和向郭是同樣的，但在內容上却大有區別。這樣，就給逍遙遊開闢了新的境界。

黃師此處就「至人之心」之作用，融通支氏之般若學暨其逍遙義，並以之區分支與向郭逍遙義之異，實精卓不可易。蓋支公之理想人格，常曰「至人」，而至人也者，在乎能凝守精神，其神逍遙至足，故支氏要鈔序文中，亦曾就「覽通群妙，凝神玄冥，靈虛響應，感通無方。」「神何動哉，以之不動，故應變無窮。」發揮「至人」之義。而其逍遙義亦謂「夫逍遙者，明至人之心也。」故知支遁心目中之「至人」，乃能於「心」上作修證工夫之人也，而此點實爲其與向郭逍遙義之大分野。

逍遙之境並非得之於現成，亦卽事實上並非人人可至，而係能於心上作修證工夫之至人方能有之無礙境界。故支氏云：「夫逍遙者，明至人之心也。」以區分眞俗二層世界，使至人之逍遙有別於「失適於體外」與「有矜伐於心內」之鵬鴳（註九四）。然後，支氏又描述至人之境界，「至人乘天正而高興，遊無窮於放浪」，此卽莊子所言「乘天地之正，而御六氣之辯，以遊無窮者」之無待；「物物而不物於物，則遙然不我得」，此乃描寫無待之至人能超越一切條件系列之限制，而當其與世俗處時，世俗環境之限制，並不能構成至人逍遙之障礙；「玄感不爲，不疾而速，則逍然靡不適」，此則狀於至人之沖虛心境呈現時，無知無爲而玄感妙應之境。至此境界，則可謂之逍遙矣，然此種境界皆僅能呈現於至人之心，而非人人「適性」卽可得也。

「若夫有欲，當其所足。足於所足，快然有似天眞，猶饑者一飽，渴者一盈，豈忘烝嘗於糗糧，絕觴爵於醪醴哉？苟非至足，豈所以逍遙乎？」此則顯係支氏對向郭適性說之批判，以見不能如至人於「心」上作修養工夫者，皆不能有眞正之逍遙，彼等於欲望形軀上所獲得之自足，祇是短暫、低級之自由解放，而不能達於精神上、修養境界上之逍遙至足也，由此而至人之無待境界，與芸芸衆生之落於有待而不得超拔，兩者之分際遂告朗然。而依支遁之意，則佛道兩家修道有成者之境界實極爲相近，故可融般若學於莊子之逍遙義也。

向郭之逍遙義已述之於前，吾人瞭解，就向郭之智悟所及而言，實能契及無待有待之區分，暨有待無待何以皆能同於大通而皆歸逍遙之故，若僅就此層而言，則向郭之逍遙義似較支遁之新義之內容猶豐富，而使世說新語「支卓然標新理於二家之表，立異義於衆賢之外」之語費解，湯用彤、牟宗三二先生卽主此說。湯氏云：

至若世說載支公通逍遙遊，卓然標新理於二家之表，似若支與向郭立義懸殊，此則亦不盡然。蓋向郭謂萬物大小雖差，而各安其性，則同爲逍遙。然向郭均言逍遙雖同，而分有待與無待，有待者必得其所待，然後逍遙。無待者則與物冥而循大變，不惟無待，而且能順有待，而使其不失其所待。有待者，芸芸衆生；無待者，聖人神人。有待者自足，無待者至足。支公新義，以爲至足乃能逍遙，實就二家之說，去其所待，而存其無待。（註九五）

牟氏云：

（向郭逍遙義）以上三層，一是從理上一般說，二是分別說，三是融化說。支遁只是分別說，實未眞能「標新理於二家之表」也。且未能至向、郭義之圓滿。然亦並不誤。（註九六）

然而，須知向郭並未能重視且嚴格遵守此種區分，由於其思想性格與客觀環境之影響，甚至遺忘有待者之逍遙乃通過無待者沖虛之心境而來，遂視適性卽逍遙爲人生之一種便宜、現成，且反對任何價值理想之追求，認爲人人皆應安於現實之中而不必有所企羡。因而其自身理論乃告混淆，以適性爲內容之逍遙，遂失其高超之玄境，僅能成爲低級之放肆，一切糾謬、流弊皆由此衍生，故支遁「夫桀跖以殘害爲性，若適性爲得者，彼亦逍遙也」之批評，遂正中適性說之要害，而得拔理於向郭之外也。

透過以上之分析，向郭暨支遁之逍遙義已晃朗可見，而支遁逍遙新義之價値、意義亦可得而說：

(1)、重新區分無待之至人與有待之芸芸衆生兩層境界之不同，顯示至人境界之超拔曠遠，對於假適性即逍遙之玄言，行放肆情欲之實者，爲一當頭棒喝。

(2)支遁逍遙遊新義既爲般若學之格義，且其影響甚大，則其於擴大玄學之發展，加深般若學與老莊學之融和實大有貢獻。黃師錦鋐於此有詳盡之敍述：

當時以向（秀）、郭（象）莊子注爲玄談的內容，已經發展到飽和的程度，所謂「諸名賢已不能拔理於向、郭之外」，玄談的資料，必須另外吸取外來的思想，以充實它的內容，就在這個時候，支道林適時的扮演了這個角色，他把佛經的般若學中取得了新的啓示，擴大了玄學的領域，加濃了玄學的內容，使玄學發展的同時，也促進了般若學的繁榮，通過了二者的合流，使般若學終成爲玄學的支柱。（註九七）

由於般若學與老莊學之相激相盪，遂使佛學得以繁榮滋長於吾土，爲吾國文化注入新血輪，則支遁之功勞亦不薄矣。

(3)、支遁强調惟有能於心上作修養工夫之至人，方得有眞正之逍遙。由此種重工夫修養之論調看來，可見當時徒逞智悟哲思之玄學，對於安心立命之大問題，已至束手無策而收拾不住局面。佛學之傳入，固有其它因緣，然此種欲爲自家生命尋找眞正歸宿之心願，實可代表時代心靈之轉向。

然而，支氏對向郭之批評，並不能善盡向郭逍遙義之底蘊。如其僅以桀跖之殘害適性比論之，以

「猶饑者一飽，渴者一盈」批評之，則顯然忽視向郭之適性說本有高超之一面，暨「絕羨欲」之要求。當然，此亦肇因於向郭自身理論之混淆也。而支遁之說實能洞悉向郭理論之流弊，故其逍遙新義實代表另一階段之時代心靈，蓋玄學發展至此，已不復足以饜切人心，而至改弦更張之時，老莊之玄理，遂不得不讓位於西來之佛法，下開六朝隋唐佛學鼎盛之世。

【附註】

註　一：「逍遙遊」三字，說文均不收。陸德明釋文謂「逍遙遊」為「義取閒放不拘，怡適自得。」析言之：「逍」為消解，此乃狀「無己」、「無功」、「無名」之工夫。「遙」為高蹈遠引，此乃狀「與天地精神相往來」之境界。「遊」為得道者無所待之自得狀態，段氏於說文七上「游：旌旗之流也。」下注：「引伸為出游、嬉游，俗作遊。」若以無所繫縛之「嬉遊」描述莊子「遊」字之義，尚稱貼切。

註　二：如林西仲云：「逍遙遊言人心多狃於小成，而貴於大；齊物論言人心多泥於己見，而貴於虛；養生主言人心多役於外應，而貴於順；人間世則入世之法，德充符則出世之法，大宗師則內而可聖，應帝王則外而可王。此七篇分著之義也。然人心惟大故能虛，惟虛故能順，入世而後出世，內聖而後外王，此又內七篇相同之理也。」（見莊子因序）可見內七篇雖所述各異，然皆有共同之理想。而能大、能虛、能順、能入世、能出世、能內聖、能外王，則無時無地莫不逍遙也。

註　三：向秀即為此而出仕。

註　四：據世說新語文學篇及高僧傳卷五支遁傳所述，當時論逍遙遊而知名者有向秀、郭象、馮懷、劉系之、王羲之、孫綽、支遁、道安、僧光等。又世說新語文學篇謂「莊子逍遙篇舊是難處，諸名賢所可鑽味。」則可見當時諸名賢於莊子一書中，偏於鑽研逍遙之旨。

註　五：依道家義：人如依循大道，則不必解剖大道爲德目，若相忘於道術，則仁義禮智等之實質反可保全。

註　六：玄學家皆要求對其所主張之理論有一圓滿之說明，至於其玄言是否眞能對人生有合理之疏導，則爲另一層次之問題。

註　七：「逍遙遊」篇目下注。

註　八：逍遙遊篇「化而爲鳥，其名爲鵬。」下注。

註　九：陳氏之論見所著「逍遙遊向郭義及支遁義探源」，收於「陳寅恪先生論文集」。

註一〇：見人物志九徵篇。

註一一：逍遙遊篇「小知不及大知，小年不及大年。」下注。

註一二：人間世篇「是萬物之化也，禹舜之所紐也，伏戲几蘧之所行終，而況散焉者乎！」下注。

註一三：世說新語文學篇云：「初注莊者數十家，莫能究其旨要。向秀於舊注外爲解義……」此說實不可靠。故黃師錦鋐曰：「魏晉闡發莊子之學，初見於著述者，爲阮籍之達莊論。」（見「魏晉之莊學」）

註一四：逍遙遊篇「堯治天下之民，……窅然喪其天下焉。」下注。

註一五：逍遙遊篇「名者，實之賓也。吾將爲賓乎？」下注。

註一六：逍遙遊篇「蜩與學鳩笑之曰：我決起而飛……奚以之九萬里而南爲？」下注。

註一七：見老子第二十章王弼注。

註一八：見世說新語文學篇向秀注莊條下，注引秀別傳。

註一九：此實爲儒釋道三家之通義。如孔子對「仁」不曾下過定義，而多當機指點語。佛家則多遮撥語，發展至禪宗，則曰：「言語道斷，心行路絕。」道德經中雖多分解之講法，然老子之智慧多由「詭辭爲用」以逼顯，則此種「曲綫之智慧」，亦不能純以哲學思辨之事視之。

註二〇：皆見莊子逍遙遊注。此諸語義實無別，爲行文方便計，或僅舉「適性」以括諸義。

註二一：境界本泛指外在對象，然佛家唯識宗謂境爲識所變，因而客觀之境界乃隨主觀心靈而變化，如通過修持以轉識成智，則不獨識超轉而境亦超轉，此卽吾人一般所謂境界之義，而境界之高下乃完全決定於主觀修爲之高下。

註二二：「至人無己，神人無功，聖人無名」涵有工夫及境界兩層意義。作爲敍事句，則「無」爲動詞，表示工夫；若作爲表態句，則「無己」、「無功」、「無名」爲表語，表示境界。

註二三：逍遙遊篇「若夫乘天地之正，……彼且惡乎待哉？」下注。

註二四：同註二三。

註二五：實卽爲成心所執限下之世間。

註二六：同註二三。

註二七：逍遙遊篇「其神凝，……吾以是狂而不信也。」下注。

註二八：逍遙遊篇「小知不及大知，小年不及大年。」下注。

註二九：若剋就政治而言，此則爲聖人「遊心於淡，合氣於漠」，以敞開一切後，「我無爲而民自治」之相忘於道術之治。

註三〇：「逍遙遊」篇目下注。

註三一：逍遙遊篇「蜩與學鳩笑曰：我決起而飛，……奚以之九萬里而南爲？」下注。

註三二：同註二三。

註三三：如對「適性」一觀念中「性」之內容加以分析。

註三四：此爲遮撥語，不可執著字面意義。

註三五：見齊物論篇。

註三六：見中國歷代思想家四、莊子，頁四一。商務印書館發行。

註三七：支遁卽有此蔽。此外，如唐權載之文集「送渾淪先生遊南岳序」，述渾淪言：「郭氏注莊，失於昭合萬物，物無不適。然則桀蹻饕戾，無非遂性。使後學者懵然不知所奉。」卽此類見解之代表。

註三八：逍遙遊篇「是鳥也，……南冥者，天池也。」下注。

註三九：逍遙遊篇「且夫水之積也不厚，……水淺而舟大也。」下注。

註四〇：詳見第五章、向郭之自生說。

註四一：世說新語文學篇注引。

註四二：干寶晉紀總論。

註四三：世說新語雅量篇注引文士傳。

註四四：中國歷代思想家一六、郭象，頁一二。商務印書館發行。

註四五：同註四四，頁一二至一三。

註四六：逍遙遊篇「庖人雖不治庖，尸祝不越樽俎而代之矣。」下注。

註四七：晉書卷四九向秀傳。

註四八：世說新語儉嗇篇注引。

註四九：見晉書卷八九忠義傳，嵇含弔莊周圖文。

註五〇：莊子外、雜篇之「性」字，約略等同內篇之「德」字，如駢拇「駢拇枝指，出乎性哉，而侈於德；附贅懸疣，出乎形哉，而侈於性。」德與性爲相同之層次。向郭莊注之「性」則包含較廣，說見前文。

註五一：逍遙遊篇「楚之南有冥靈者，……八千歲爲秋。」下注。

註五二：見「略論魏晉南北朝學術文化與當時門第之關係」一文，收於中國學術思想史論叢㊂。

註五三：以上見逍遙遊篇注。

註五四：見齊物論篇注。

註五五：康德語。彼謂美之判斷爲趣味判斷，其特性爲「純粹無關心地滿足」。

註五六：勞思光氏分自我之境爲德性我、認知我、情意我三種。而莊子之自我，既不求理分之完成，亦不作捨離之超越，只是順物自然，觀賞自得，其主體之主宰性，只顯於一種欣趣玩賞上，故爲「情意我」之自由境界。（見氏所著中國哲學史第一卷第四章道家學說，三民書局發行。）

註五七：此爲在向郭莊注爲「主觀注法」之前提下而有之比較，向郭注莊僅藉以發揮其玄論，說見前。

註五八：卽「無己」、「無功」、「無名」。黃師錦鋐云：『莊子的人生觀，就是逍遙遊，人之所苦，在於功呀、名呀、己呀，所以篇中（按：卽「逍遙遊」一文）提出「聖人無名，神人無功，至於無己」，而「無己」又是全篇的綱領，人能「無己」就逍遙自得了。』（見黃師所著「莊子」頁二五，商務印書館發行。）所見甚是。

註五九：見逍遙遊篇。

註六〇：此有兩層意義，見註二二。

註六一：大鵬是否無待之問題，歷來解者歧見甚多。然寓言本具象徵性，吾人實不必爭執大鵬本身之有待無待，視之爲標擧眞人之逍遙境界可也。

註六二：以上分見齊物論、大宗師、德充符、人間世、天道、天運、達生、庚桑楚諸篇。

註六三：此乃借用僞古文尙書「人心惟危，道心惟微」之言。「人心」、「道心」之區分，實有利於吾人之說明，故用之。惟此處「人心」、「道心」之內涵應從寬解釋，不屬任何特定學派之言。

註六四：莊子以「成心」（齊物論）、「人心」、「機心」（天地）、「賊心」（天地）等表示此「人心」。

註六五：齊物論篇中對成心之性格與災害有詳細之闡說。

註六六：莊子以「靈府」、「常心」（德充符）、「靈臺」（達生、庚桑楚）等表示此「道心」。

註六七：逍遙遊篇「則夫子猶有蓬之心也夫」下注。

註六八：齊物論篇「夫隨其成心而師之，誰獨且無師乎？」下注。

註六九：卽以至人之化境爲現實上永不退轉之必然存在。

註七〇：逍遙遊篇。

註七一：逍遙遊篇「此小大之辯也」下注。

註七二：逍遙遊篇「蜩與學鳩笑之曰：我決起而飛，……奚以之九萬里而南爲。」下注。

註七三：逍遙遊篇「楚之南……八千歲爲秋。」下注。

註七四：人間世篇「是萬物之化也，……而況散焉者乎！」下注。

註七五：黃師著「莊子」，頁一四至一五。

註七六：借用王弼語。老子第十章：「生之」，王注云：「不塞其原也。」「畜之」，王注云：「不禁其性也。」

註七七：應帝王篇。

註七八：駢拇篇。

註七九：指聰、明、仁、義、禮、樂、聖、知。

註八〇：在宥篇。

註八一：道家思想不似儒墨正面肯定仁義道德之價值以安頓人生，然其擔憂生民不得其所，而以「去礙」之方式使萬物各得其所，則仍源於對人生之憂患。

註八二：齊物論篇目下注。

註八三：同註六八。

註八四：高僧傳肆支遁傳云：「遁嘗在白馬寺，與劉系之等談莊子逍遙篇云：『各適性以爲逍遙。』遁曰：『不然，夫桀跖以殘害爲性，若適性爲得者，彼亦逍遙矣！』於是退而注逍遙篇，群儒舊學莫不嘆伏。」

註八五：見世說新語文學篇。

註八六：有道行指歸、大小品對比要鈔（序尚存）、即色遊玄論、釋即色本無義等著作。

註八七：所謂「六家七宗」乃根據劉宋釋曇濟所作之「六家七宗論」而名。唐元康作肇論疏，引梁釋寶唱續法論之言謂：「論有六家，分成七宗。第一，本無宗；第二，本無異宗；第三，即色宗；第四，識含宗；第五，幻化宗；第六，心無宗；第七，緣會宗。本有六家，第一家分爲兩宗，故成七宗也。」此種說法，吉藏之中觀論疏，日人安澄之中論疏記，均無異辭。然有關諸宗之原始文獻已不可得，後人論此諸宗之說大抵以吉藏、安澄之引述爲據。

註八八：陳氏說見「支愍度學說考」（收於陳寅恪先生論文集），湯氏說見「釋道安時代之般若學述略」（漢魏兩晉南北朝佛教史第二分第九章）。

格義本指藉外書之義，以釋內典之文，使人易於瞭解佛書之法。高僧傳卷四竺法雅傳所謂「以經中事數擬配外書，爲生解之例，謂之格義」是也。支遁以般若學解莊子逍遙遊，當屬格義更積極、主動之引伸意義。

註八九：見「逍遙遊向郭義與支遁義探源」。

註九〇：即「大小品對比要鈔」序。東漢靈帝時，支婁迦讖所譯出之摩訶般若波羅蜜經亦名道行經，三國支謙於吳再譯之般若波羅蜜經亦名大明度無極，以上兩種皆係三十品者，故名「小品」。西晉惠帝時九十品之般若經譯出，名曰放光般若波羅蜜經，因係詳本，故謂爲「大品」。（參見林顯庭著「世說新語所謂的小品」，鵝湖月刊二四期。）

註九一：見大正藏，卷四五。

註九二：安澄中論疏記引，見大正藏卷六五。

註九三：世說新語文學篇注引支道林集妙觀章云：「夫色之性也，不自有色；色不自有，雖色而空。故曰色即爲空，色復異空。」與此可以互證。

註九四：支氏認爲「鵬以營生之路曠，故失適於體外」，似不合於莊生以大鵬怒飛象徵得道者之境界。然若不就象徵意義而言，則大鵬之飛於南冥，正有客觀上種種之限制，而屬有待不得逍遙，故支氏之言亦不牴觸莊子之義旨。

註九五：見湯著魏晉玄學論稿頁五三。

註九六：見牟著才性與玄理第六章：向、郭之注莊，頁一八四。

註九七：見黃師著「郭象」，頁一六。

第五章　向郭之自生說

第一節　向郭自生說之淵源

道家形上學之發展，由老而莊，以形上實體作爲最高存有之意味漸趨淡薄，而由人生實踐以朗現「體道」境界之意味則日益濃厚，至向郭之莊注，徹底反對「眞宰」之存在，於純理上直就無待之境闡發獨化之玄理，將人生境界與宇宙生化融而爲一，更將老莊富價值色彩之形上學，於純理上發揮至極致。雖向郭復將「自生」當作一客觀問題論辯之，試圖藉由解析之方式，以建立其「造物無主，物各自造」之宇宙論，此種論證方式，違逆莊生之玄旨，並使其「自生說」陷於自我矛盾之境。然向郭企圖以「自生說」作爲其理論系統之基礎，並由此以闡發其特殊之人生、政治見解之雄心，却使「自生說」成爲莊注哲學體系之樞紐。

「自生說」雖爲一獨特之新說，然並非前無所承，憑虛而至，東漢王充著論衡，以「自然」之說代「使然」之說之自然觀，於此已導先河。自然篇云：「自然之化，固疑難知，外若有爲，內實自然。」

此豈非與向郭注齊物論篇「若有眞宰，而特不得其眹」句，所云：「萬物萬情，趨捨不同，若有眞宰使之然也。起索眞宰之眹迹，而亦終不得，則明物皆自然，無使然也。」相類乎！所不同者，王充之所謂自然，僅爲一情態之辭，其宇宙論之立場，仍主萬物由氣所生，故異於向郭之自生也。降及魏晉，熱切鑽研形上問題之玄學家，所闡發之玄旨，頗多可供向郭採擷，彼等於形上學之探討，歸結於「有」、「無」之爭，而以裴頠、何王爲代表，茲分述其對向郭「自生說」之影響：

甲　貴無派

何晏、王弼爲「貴無派」之代表（註一），其形上學之立場，以「道」或「無」爲宇宙生化之本。晉書王衍傳曰：

魏正始中，何晏王弼等，祖述老莊立論，以爲天地萬物，皆以無爲本。無也者，開物成務，無往而不存者也。陰陽恃以化生，萬物恃以成形，賢者恃以成德，不肖恃以免身，故無之爲用，無爵而貴矣。

王弼周易復卦彖傳注云：

復者，反本之謂也。天地以本爲心者也。凡動息則靜，靜非對動者也；語息則默，默非對語者也。然則天地雖大，富有萬物，雷動風行，運化萬變；寂然至無，是其本也。故動息地中，乃天地之心見也。若其以有爲心，則異類未獲具存矣。

由上可知，「貴無派」主張天地萬物、萬有群變，皆以「無」爲本。亦卽以「道」或「無」爲宇宙生化之本。然而，「貴無派」並非謂實有一物，曰「道」、曰「無」，「道」或「無」乃指一沖虛寂無之玄境，而爲萬物生化之超越根據耳！故王弼論語釋疑云：

道者，無之稱也。無不通也，無不由也。況之曰道，寂然無體，不可爲象。（註二）

而此玄境，純由遮撥而顯，故王弼又云：

不塞其源，則物自生，何功之有？不禁其性，則物自濟，何爲之恃？物自長足，不吾宰成。有德無主，非玄而何？（註三）

故知「道」或「無」之創生，乃非積極之創生，而僅爲不塞不禁、開源暢流，以使萬物自生自長也。如此豈非近於向郭莊注「造物無主，物故自造」之義乎！所不同者，向郭之「自生說」否定有一形上之「無」存在，直從「有」「無」玄冥中，以言物之自生、自造。而王弼仍肯認有此一「無」作爲「不生之生」之超越根據耳！

此外，大宗師篇「在太極之先而不爲高……」向郭注云：

言道之無所不在也。故在高爲無高，在深爲無深，在久爲無久，在老爲無老。無所不在，而所在皆無也。

「道無所不在，所在皆無」，向郭此種卽萬物自身言自爾獨化之理論，若溯其源，實亦有取於王弼之說。蓋王弼、向郭皆視體用爲一，不可截然劃分，王弼之「崇本以息末」（註四）卽向郭之「反一以息迹」「捐迹以反一」也。惟二者仍有差異，王弼之貴無說視天下僅有一大本，統攝萬有，主「以一御萬」（註五）；而向郭之「自生說」則主一物有一物之本，「生生者」與「生者」爲同一事物，此則爲向郭承王氏之說而有之發展也（註六）。

乙　崇有派

自然、名教之爭，爲魏晉儒道之爭之主要內容，而此種論辯，若推究其形上根據，則必追溯至宇宙大源爲「無」抑爲「有」之問題。史稱「頠深患時俗放蕩，不尊儒術。何晏、阮籍，素有高名於世。口談浮虛，不遵禮法。尸祿耽寵，仕不事事。至王衍之徒，聲譽大盛。位高勢重，不以物務自嬰，遂相放效，風教陵遲。乃著崇有之論，以釋其蔽。」（註七）則知頠「崇有論」之作，固有重建儒家社會倫理與學術文化之雄心，代表當時儒道兩家思想理論之根本衝突也。惟頠雖反「貴無」之說，然其所崇之「有」，僅就具體之存在物而言，而其由萬物之化感錯綜處說「理」，亦無法探尋出具體存在物之所以然之理（註八），故其所推測之本體實極爲淺近。憑此欲打倒「貴無派」深具形上意味之「無」，實顯疲軟乏力也（註九）。

裴氏之「崇有論」雖未能於貴無之說予以有力之駁斥，然向郭莊注之「自生說」，仍有取於此（註一〇）。二者所同者，厥爲以「無」爲「非存有」，漠視形上意義之「無」，故否定「無」能生有，而主萬物之自生。如「崇有論」云：

夫至無者，無以能生，故始生者，自生也，自生必體有。
向郭注齊物論篇「夫吹萬不同，而使其自己也」亦云：
無既無矣，則不能生有。有之未生，又不能爲生。然則生生者誰哉？塊然而自生耳。
觀乎此，則二者相承之迹實彰彰著明也。然二者雖如此貌似，其實質仍有別，蓋裴氏雖言「物之自生」，然其「自生」乃根於有，故云：「自生而必體有，有遺而生虧矣。」「心非事也，而制事必由於心，然不可以制事以非事，謂心爲無也；匠非器也，而制器必須於匠，然不可以制器以非器，謂匠非有也。」是其自生仍屬有條件（註一一），而異於向郭之意。因向郭之言「自生」，雖反貴「無」，然亦不崇「有」，蓋「生」若落於條件系列，則非「自生」，故須「有」「無」雙遮，以破除條件系列，方可顯出自生、獨化之境也。
綜上所述，知向郭莊注之自生說，雖深受「貴無」「崇有」二派之影響，然又「有」「無」俱譴，不落於條件系列以言「自生」，則自有其獨特之創見也。茲引黃師錦鋐之言，以爲本節之總結：
向郭莊注反對貴無，却利用貴無派之觀念；接受有，却反對有。故郭象自生之理論，乃王弼貴無說與裴頠崇有論之綜合。（註一二）

第二節　向郭自生說之內容

莊子之形上思想，歷來解者頗爲紛歧，爲確切把握向郭莊注「自生說」之涵義，並凸顯其勝場，吾人於論述「自生說」之前，先就異說雜陳之莊子形上學（註一三）之性格，加以研判、釐清，實有必要。

甲　莊子形上學之形態

探討莊子之形上思想，就莊書中「道」觀念之義涵加以剖析，最爲直捷。惟莊書既非成於一人之手，則其內容之駁雜自屬難免，爲免雜而無統，本文論述將依循公論，以莊周親筆之內七篇爲主要之探討範圍。外、雜篇之內容與內篇同者，則視爲莊子後學闡述其思想之作，將加以引證；其不同者，則視爲莊學之歧出，存而不論可也。

莊書中涉及「道」觀念之言，就表面觀之，可粗分爲三種形態（註一四）：

(1)實有形態

(2)沖虛形態

(3)渾化形態

實有形態者，乃以「道」爲具有實體性、客觀性、實現性之形上「道體」。莊子大宗師篇有一段文字，一般人目之爲莊子視「道」爲實有形態之論據，其云：

夫道，有情有信，無爲無形；可傳而不可受，可得而不可見；自本自根，未有天地，自古以固存；

神鬼神帝，生天生地；在太極之先而不爲高，在六極之下而不爲深，先天地生而不爲久，長於上古而不爲老。

此處顯然以「道」爲「終極之實在」（ultimat reality ），此「終極之實在」具有實體性——「自本自根，未有天地，自古以固存」；客觀性——「有情有信，無爲無形」；實現性——「神鬼神帝，生天生地」等義。簡言之，即將「道」視爲實有形態之「道體」也。然此段文字，於莊子內篇中，頗爲突出，故前人已提出疑點。嚴復氏云：

自「夫道」以下數百言，皆頌贊道妙之詞，然是莊文最無內心處。（註一五）

錢穆氏云：

此章言伏羲黃帝顓頊云云，似頗晚出。（註一六）

由嚴錢二氏之言，知其皆已注意及此段文字與莊子思想之扞格不入。若確如錢氏所言，則自可將實有形態之「道體」觀念，排除於莊子形上思想之外，惟此猶爲揣測之辭，故仍須其它之佐證。

依莊子之義理而觀，視「道」爲實有形態，實與其形上洞見枘鑿不入。因「道」之境界乃由主體生命所開發，而非知解思辨所建構。黃師錦鋐曰：

你要給「道」下任何定義都不對，所以莊子教人要認識那個「至道」，只有超出這個體，達到「忘我」的境地，去與道化合，才能體悟到道的眞實，其實就是你眞的體悟「道」是什麼，你自己也說不出來。（註一七）

此處即以「道」爲不可知、不可定義、不可以思辨得之，僅能透過工夫修證以體悟之也。故知若視「道」爲實有形態，以「道」爲理智窺測世界所建立之形上實體，實不符莊生之形上洞見。莊書中即曾對此種實有形態之形上學加以批判，齊物論篇云：

有始也者，有未始有始也者，有未始有夫未始有始也者。有有也者，有無也者，有未始有無也者，有未始有夫未始有無也者。俄而有、無矣，而未知有、無之果孰有孰無也。

以理智窺測世界而建立之形上學，往往憑藉超越分解，肯定「有」、「無」爲宇宙萬物客觀之「第一因」。然莊子認爲，此種「有」、「無」、「有始」、「無始」等概念，皆爲成心之相對性、主觀性、區別性所執限而成，不免於虛妄與獨斷，皆須加以破除，故莊子不此之圖，以避免落入思辨上無窮之追溯，形成辨解之執也。「俄而有、無矣，而未知有、無之果孰有孰無也」即謂辨解中之「有」、「無」之執皆不可靠，故收於主體而渾化之，讓「有」、「無」如如朗現也。

則陽篇亦有對當時具代表性之二派實有形態形上學理論——「莫爲」、「或使」之說，加以批判之辭。篇中藉少知與太公調之對話，討論萬物之起源問題。文中之接子主「或使」之說，視宇宙有一形上實體作爲最高存有，此一最高存有，即宇宙萬物之「第一因」或「不動之發動者」；季眞主「莫爲」之說，推論有一客觀之「無」（即「非有」），爲宇宙萬物之根源。然而此種憑藉超越分解而建立之形上學，不論其爲「有」（「或使」）抑爲「無」（「莫爲」），僅爲理性探測宇宙最高存有時，爲避免「因果之無窮退步」，由思辨所構成之概念，由此所建立之形上學，終成猜測之空理論，而遠於眞實也，故則陽篇藉太公調之言予以批評。太公調曰：「或之使，莫之爲，未免於物而終以爲過。」「或之使，莫之爲，疑之所假。」」「或使莫爲，在物一曲，夫胡爲於大方？」此卽謂由理性所建立之「有」「無」之形上本體，皆不免落於形迹而陷於現象界之範圍（未免於物）；不免於片面之偏見（在物一曲）；而爲疑惑之人情偏之議論也（註一八）。換言之，此種實有形態之形上學，僅爲成心之執所構成之虛妄概念，依莊子之見，皆須予以駁斥也。西哲康德於「純粹理性批判」中，謂人類之知識能力乃以經驗爲範圍，逾此範圍，卽非人類知識之所及，故反對形上學之可能性。知識或理性若妄想越出經驗之範圍，將宇宙之理念視爲對象加以思索，則難免陷入「二律背反」（Antinomies ）（註一九）之兩難窘境。康德此種批判傳統形上學之觀點，恰與莊子駁斥成心所建構之虛妄形上學之說不謀而合，眞乃心同理同，亦足以相互闡明矣。

由以上之論述，可知視莊子之「道」爲實有形態，將屬大謬不然。而前引大宗師篇論「道」之一段文字，亦不可視爲莊子形上思想之代表也。此外，吾人若將該段文字與老子相比勘，則知其乃爲老子十四章、二十一章、二十五章之綜合陳述，故知該段文字卽或出於莊生之意，仍爲襲自老子，爲老子「道體」觀念之殘渣所未轉化淨盡者（註二〇），而非莊子思想之代表也。至少，吾人由嚴、錢二氏之言，正可見出該段文字與莊子一貫思想之相悖也。

以實有形態之「道體」觀念闡釋莊子之形上境界，既不相應。則直探莊子生命哲學之本質，瞭解莊子「道」之境界，乃由主體生命所開發，爲人生內在之精神境界，實爲領契其形上境界之不二法門。

西哲史懷哲於「文化的沒落與再建」中，曾謂形上學受到科學之衝擊後，已不能再作爲倫理道德之基礎，而只能反求之於人心。斯言甚是！然吾人若觀乎二千年前之莊子，已捨棄由冥想、思辨之路，以爲人生價值尋一形上根據，而試圖由人生踐履以開闢一形上世界，則豈能不擊節贊嘆其睿智乎！

吾人若探究莊子「道」之本質，則知以「沖虛形態」或「渾化形態」詮釋之，最能相應其獨特之形上洞見。沖虛形態者，即肯認有一沖虛之玄境以爲宇宙生化之超越根據，然此玄境並無客觀性、實體性，而僅爲一連「無相」亦無，敞開一切，使物自物、形自形之境也。且此一沖虛之玄境，並非經由存有論或宇宙論之分解所建立之本體，而係由人生踐履所呈現，屬價值意義之「實踐的形上學」。此即當人生透過主體之沖虛寂無，以觀萬物皆能於沖虛寂無之境自爾獨化時，便領悟造化之森羅萬象，原係此沖虛之境無心以成化之作用，遂進一步將此沖虛之境，虛擬爲造化之源。故又直以此沖虛之境（或稱「道」、「無」）作爲宇宙生化之超越根據，甚或以之作爲宇宙之原理，並以此宇宙原理作爲人生原理之準則也。然細考其實，則此沖虛玄境、玄德之實義，必落於人生境界言之，而後始眞切，即此爲一價值問題，而非思辨之問題也。大宗師篇中，女偊謂其得道乃經過「外天下」、「外物」、「外生」、「朝徹」、「見獨」、「無古今」、「入於不死不生」之程序，而達此境地時，女偊方知道之爲物乃一「殺生者不死，生生者不生」「無不將也，無不迎也；無不毀也，無不成也」之沖虛玄德。由此可知，此沖虛形態之「道」，既是宇宙生化之超越根據，又與人生境界有緊密之關係也。庚桑楚篇亦云：

有乎生，有乎死，有乎出，有乎入。入出而無見其形，是謂天門。天門者，無有也。萬物出乎無有，有不能以有爲有，必出乎無有，而無有一無有，聖人藏乎是。

「天門」爲萬物生死出入之所，卽其爲萬物生化之超越根據。雖其爲一「入出無見其形」之「無有」，然不宜直詮爲一「非有」（non-being），而應視其爲一「非現象」（non-phenomena）之沖虛玄境也。「無有一無有」，是此一沖虛玄境連「無有」之相亦無之，所謂「玄之又玄，衆妙之門」也。而「聖人藏乎是」，卽謂此沖虛玄境雖客觀而亦主觀，其實義乃爲人生修證所體現之境也。

由以上之論述，知「道」之沖虛形態雖有生化萬物之意義，然其實質乃爲人生境界所虛提，而非冥想思辨所建構，卽此境乃由生活上逍遙乘化所見之本體，一推而擴大爲宇宙之本體也。吾人於此意義之領契，絕不可視之爲一客觀之宇宙論，否則當其由宇宙論落向人生之際，將永有一不可逾越之鴻溝。是以將此種形上學之價值意義，還之於本心，乃領契「道」之不二法門也。黃師錦鋐「莊子學說要旨」云：

莊子的道，如果是以世俗的知識去求得，那也永遠看不到。莊子的道，是「切忌從他覓」，必須從內在的法眼去發現它。（註二一）

斯言甚是！瞭解此義，則知以沖虛形態詮釋莊子之「道」，雖可保住其價値論上之意義，而相應莊子之形上洞見。然而以不復將「道」高列於造化之上，直就人生境界指點之「渾化形態」詮釋之，實更爲直捷、透徹也。

渾化形態者，卽不憑藉超越之分解以肯認「第一因」，且連作爲宇宙生化之超越根據之沖虛玄境亦一併化除。此時之「道」，僅被描述爲一「境界」，一藉「衆形之自物」而顯之自生、自爾、自化、自然之境。「道」卽造化事物之自身而見之，不復高列於造化事物之外。而此種境界非經由理智思辨之分解，而繫屬於主體生命所開發，則與沖虛形態無異，可謂爲比沖虛形態更進步、更直捷之講法。

齊物論篇有二段對話，頗能說明此義：

子游曰：「地籟則衆竅是已，人籟則比竹是已。敢問天籟。」子綦曰：「夫吹萬不同，而使其自已也，咸其自取，怒者其誰邪？」

子綦對「天籟」所作之詮釋，一面否定萬物背後「怒之使然」者之存在；一面卽肯認「天籟」乃由「地籟」「人籟」之自己、自取而呈現。故不須於萬物之外，另求一作爲造化本體之「天籟」也。

罔兩問景曰：「曩子行，今子止；曩子坐，今子起；何其無特操與？」景曰：「吾有待而然者邪？吾所待又有待而然者邪？吾待蛇蚹蜩翼邪？惡識所以然？惡識所以不然？」

景對罔兩之回答，卽表示對自己之行、止、坐、起之有待而然，抑無待而然，實皆無法理解，亦不必理解，故由此而渾化一切之相對，以反顯事物之造化，乃自造、自化、自然、自爾，而非於事物外，別有一造化本體以爲之本也。

此外，知北遊篇謂「道」「無所不在」，然所在處卽爲螻蟻、稊稗、瓦甓、屎溺之中。天運篇於天地日月運行代謝之現象，作「孰主張是」、「孰維綱是」、「孰居無事而推行是」之問，復作「意者其有機緘而不得已邪？意者其運轉而不能自止邪？」之答，此亦欲由此逼顯天地日月之運行代謝，乃天地日月之自然自爾，非另有一超越者主宰之也。

以上所述，皆以造化本體（「道」）並非高列於造化事物之外，而係卽造化事物之自身而見之。此卽謂萬物之生化，並非有使然者以生之化之，而係萬物之自生、自化也。然吾人若分析現象世界中之萬物，則知其間之關係，乃爲一物依待一物所構成之「無窮之倚待序列」（infinite series of dependence），而非個體圓足之自生、自化，然則莊子之說是否罣礙難通乎？於此，吾人須知莊子所謂自生、自化之境，絕非經由理智思辨之分解而來，亦卽並非經由宇宙論之推演而成立，而係爲主體生命所開發，繫屬於超越之價値主體——道心——之觀照而朗現（註二二）。在宥篇假「鴻蒙」代表「道」，教訓「雲將」曰：

意！心養。汝徒處無爲，而物自化。墮爾形體，吐爾聰明，倫與物忘；大同乎涬溟，解心釋神，莫然無魂。萬物云云，各復其根，各復其根而不知；渾渾沌沌，終身不離；若彼知之，乃是離之。無問其名，無窺其情，物固自生。

「鴻蒙」此處卽告訴「雲將」，若致力於本身主體生命之開發——「養心」，而不落於現象上分析、窺探萬物之本根，則萬物自能歸根復命而自生自化也。此義亦猶秋水篇謂物「固將自化」；則陽篇謂「智者」「不能以言讀其所自化」，而此「自化」皆須「以道觀之」方得呈顯也。由此可知，自生、自化之實義，乃繫屬於主體境界而來，而非現象界之萬物卽爲自生、自化也。吾人若觀前引齊物論篇，子綦「咸其自取，怒者其誰邪？」之「天籟」境界，亦必經由「吾喪我」之工夫修證而呈現，則此理豈非彰彰著明乎！

由以上之論述，知以渾化形態詮釋「道」，視「道」為一藉「衆形之自物」而顯之自生、自爾、自化、自然之「境界」，不復於萬物之上另立一造化之本，使道、物析離為二，此種「即物見道」之說法，實最能相應莊子價值意義之形上學之特色也。

乙　自生說之勝義

向郭憑其智悟，其莊注往往能直探莊書之玄珠，將莊書玄之又玄之化境，弘暢得淋漓盡致，然彼等對於莊書義理之層層轉折，人生悲感之低徊慨嘆，則缺乏相應之心靈，故其莊注往往祇見清風徐引之空靈，而未見蒼莽莊嚴之鼓盪，與瓌瑋參差之多姿也。雖然，吾人取其智悟可也。莊子形上學之形態表達固有殊異，然若撥開詭辭之迷霧，直探玄理之本眞，則即造化事物自身而見造化本體，不復於萬物之上另立一造化之本，使道、物析離為二，此種「即物見道」之說法，最能相應莊子之形上洞見，此義已詳於前。而向郭莊注對此義之闡發，可謂能妙演奇致，極具彰揭醒豁之功。

莊子之形上學，固歸於以化除高列於造化事物外之超越者為最高之形態。然因其表達方式，多由「謬悠之說，荒唐之言，無端崖之辭」作芒忽恣縱之描述，故其義旨猶欠顯豁。而此義却為向郭所偏言，向郭之「自生說」，即將莊子形上學之最勝義，透過概念之鋪陳，申發得了無餘蘊。「自生說」有一貫之反本體、反第一因、反超越者之立場，因而莊書中以渾化形態闡述其形上思想者，向郭皆能相應其玄旨，妙演奇致，並將其隱而未發之義，弘揚彰揭。齊物論篇「夫吹萬不同，而使其自己也。咸其自取，怒者其誰邪！」向郭注云：

> 此天籟也。夫天籟者，豈復別有一物哉？卽衆竅比竹之屬，接乎有生之類，會而共成一天耳。無旣無矣，則不能生有；有之未生，又不能爲生。然則生生者誰哉？塊然自生耳。自生耳，非我生也。我旣不能生物，物亦不能生我，則我自然矣。自己而然，則謂之天然。天然耳，非爲也，故以天言之。以天言之所以明其自然也，豈蒼蒼之謂哉！

莊文雖亦由「咸其自取，怒者其誰邪！」以暗示「天籟」卽存在於衆物之間，然向郭之注則顯然有更進一步之發揮。向郭乃謂「天籟」並非別有一物，而祇爲藉衆竅比竹之屬之自生、自然、自得而顯之一「意義」、「境界」。如此，則超越之天卽融解於萬物之自然，而非萬物外，另有一超越之天也。由上引之莊文與注文比勘，則知向郭弘暢之功，實不可泯也。至於向郭將「自生」視爲一客觀問題，由純概念加以推演，更爲莊文所未見，然此問題牽涉甚爲繁雜，故將於後文縷析，此處暫不論及。

天運篇「天其運乎？地其處乎？日月其爭於所乎？孰主張是？孰維綱是？孰居無事推而行是？意者其有機緘而不得已邪？意者其運轉而不能自止邪？」向郭注云：

> 不運而自行也，不處而自止也，不爭所而自代謝也。皆自爾。無則無所能推，有則各自有事。然則無事也推行是者誰乎哉？各自行耳。自爾，故不可知也。

向郭此處亦由天地日月之自行、自止、自代謝，別無推行者在，見萬物皆自爾獨化，以推闡其「造物無主，物各自造」之理論也。而由此段之莊文與注文比勘，亦知莊文仍以暗示之方式烘托，故義旨較爲隱晦；而注文則逕以分解方式鋪陳，故義旨轉顯彰明也。綜上所述，知莊書中以渾化形態闡述其形上思想者，向郭皆能相應其玄旨，妙演奇致，且有更顯豁之鋪陳也。

此外，莊文偏向於以實有形態或沖虛形態闡述其形上思想者，向郭仍不予重視，而一本其反本體之立場作釋。如前引庚桑楚篇「天門者，無有也，萬物出乎無有。」向郭注云：

死生出入，皆欻然自爾，未有爲之者也。然有聚散隱顯，故有出入之名；徒有名耳，竟無出入，門其安在乎？故以無爲門。以無爲門，則無門也。

莊文中以「天門」爲萬物出入之所，卽其爲萬物生化之超越根據，故應視之爲一「非現象」之沖虛玄境也。此義已詳於前（註二三）。然向郭之注却謂「死生出入，皆欻然自爾，未有爲之者」，而直以「天門」爲「無門」，漠視莊文中原以「天門」爲萬物超越根據之義，此卽向郭一貫之反本體立場之表現也。

又大宗師篇論「道」「神鬼神帝，生天生地」之一段文字，向郭注云：

無也，豈能生神哉？不神鬼帝而鬼帝自神，斯乃不神之神也；不生天地而天地自生，斯乃不生之生也。故夫神之果不足以神，而不神則神矣，功何足有，事何足恃哉！

莊文明有以「道」爲創生萬物之實體之義，然向郭之注却舞文弄墨，企圖偸天換日。莊文云「神鬼神帝」，向郭卽曲解爲「不神鬼帝而鬼帝自神，斯乃不神之神也。」莊文云「生天生地」，向郭又曲解爲「不生天地而天地自生，斯乃不生之生也。」如此，則「道」之存有論與宇宙論意義（註二四）遂全遭否定而消失殆盡。然此却正爲向郭反本體之一貫立場也。

甚而，莊書原文並未涉及造化問題者，向郭亦常杯弓蛇影，無的放矢，以推闡其「造物無主，物各自造」之一貫立場。如在宥篇「至道之精，窈窈冥冥；至道之極，昏昏默默。」向郭注云：

窈冥昏默，皆了無也。夫莊老之所以屢稱無者何哉？明生物者無物，而物自生耳。自生耳，非爲生也，又何有爲於已生乎？

「夫莊老……」以下之注文，爲莊文所未言及，顯係向郭所增注。由此更可見出向郭於「生物者無物，物各自生」之義，貢有偏好，而爲其注莊之基本立場也。莊注中凡言自生、自爾、自然、獨化、獨生等語，義皆無別，均爲推闡此種義旨之論。

向郭既否定造化者之存在，以爲天地之間，一切皆自爾獨化。此純純常常之大化，乃可節節解斷，各足圓成。有如莊周夢中之蝴蝶，其一時之栩栩然，乃在前無所根，後無所據之虛無面上翾翔。惟向郭此種說法之實義，當係泯除經由過度推演所臆構之宇宙本體暨由人生境界所虛擬之形上根據後，直就主體生命所朗現之渾化境界加以描述之言。亦卽萬物之自生、自化，乃本道心之寂照，不著於對象上施以積極之分解，所映照之個個圓滿具足之境也。於此，吾人絕不可視「自生說」爲客觀之宇宙論概念，謂向郭眞正在處理宇宙萬物之起源問題。而須活觀以通其意，視之爲一價值概念也。故向郭云：

又云：

故任而不助，則本末內外，暢然俱得，泯然無迹。若乃責此近因而忘其自爾，宗物於外，喪主於內，而愛尙生矣。雖欲推而齊之，然其所尙已存乎胸中，何夷之得有哉！（註二五）

又云：

夫寬以容物，物必歸焉。剋核太精，則鄙吝之心生而不自覺也。故大人蕩然放物於自得之場，不苦人之能，不竭人之歡，故四海之交可全矣。（註二六）

又云：

聞道則任其自生，故氣色全也。（註二七）

又云：

皆自爾耳，亦無愛爲於其間也，安所寄其仁義！（註二八）

又云：

不自是而委萬物，故物形各自彰著也。（註二九）

此處謂萬物之「自得」、「自生」、「自爾」、「各自彰著」，必先求主體心靈「任而不助」、「蕩然」、「聞道」、「無愛爲於其間」、「不自是」。則「自得」、「自生」、「自爾」當爲一價值觀念明矣。

此外，向郭亦認爲現象界之事物間，彼此皆有依待之關係。向郭云：

人之生也，形雖七尺，而五常必具，故雖區區之身，乃舉天地以奉之。故天地萬物，凡所有者，不可一日而相無也。一物不具，則生者無由得生；一理不至，則天年無緣得終。（註三〇）

又云：

天下莫不相與爲彼我，而彼我皆欲自爲，斯東西之相反也。然彼我相與爲脣齒，脣齒者未嘗相爲，而脣亡則齒寒。故彼之自爲，濟我之功弘矣，斯相反而不可相無者也。（註三一）

可見若落於現象世界，則萬物皆屬倚待之因果鎖鏈中之一物，不可謂之爲「自生」、「獨化」，故「自生」、「獨化」當爲一價值概念，而非客觀之宇宙論概念，益可確信。（註三二）

莊子義理之命脈，乃以生命價值之實踐爲其主要內容，故其形上學之形態，必歸於化除由宇宙論之推演而得之形上本體，直就主體生命之渾化境界而言之，而後始眞始切。向郭莊注之「自生說」打破實有形態之「道體」觀念，且連沖虛形態之形上根源亦一併化除，直就造化事物自身暢言「自生」、「自然」、「獨化」之義理。此種義理，若活觀以通其意，則知其實義並非一宇宙論之概念，而係直就主體生命之渾化境界所作之鋪陳。此種鋪陳，可謂能獨得莊生形上思想之玄珠，於莊子形上境界之勝義，極具弘揚彰揭之功。而向郭能於莊書芒忽恣縱之詭辭迷霧中，別具慧眼，單刀直入，撥開一切不諦之論，直就莊子思想之最勝義，沈潛往復，以貼切之義理，表而出之，使莊周不死，可謂係其「自生說」之最高成就與最大貢獻也。

惟向郭此種直就造化事物自身暢言「自生」、「自得」之表達方式，實亦有取於老子之智慧（註三三）。蓋「自生」、「自得」之爲「有」，固不同一般之「有」，而乃由「無有更無無」（註三四）所展示。故「自生」可謂係「有」、「無」之綜合，亦卽「有而不有，無而不無」「雙遮有無，並存有無」也。而此種表達方式已創於老子，道德經卽通過「無」與「有」之循環來說明「道」之創生作用（註三五）。其首章云：「常無欲以觀其妙，常有欲以觀其徼」；四十章云「天下萬物生於有，有生於無」。是「無」要呈現其無限妙用，必通過「有」而見。然「有」却不能脫離「無」，必須化掉自己而回到「無」，始能保持其創造力，故四十章又云「反者道之動」；十章亦云「萬物並作，吾以觀復；夫物芸芸，各復歸其根」。而相應於此之人生態度，亦應爲知雄守雌，知白守黑、知榮守辱矣。此種「有」「無」之循環，道德經稱之爲「玄」，「玄之又玄，衆妙之門」（首章），「道」創生萬物之作用，卽於此「玄之又玄」中，亦卽「有」「無」之不斷循環中實現矣。玆列圖如下：

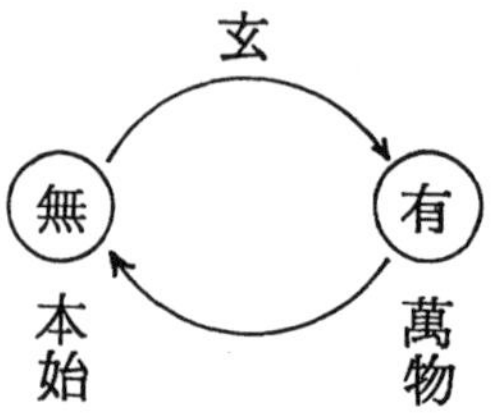

由上可知，萬物之創生，皆在「有」「無」之循環中呈現，不可執限於任何一偏也。此義後遂爲向郭

所承，莊注「自生說」之表達方式，即採擷老子此種智慧，繼而融和「貴無」、「崇有」二派之思想，去其偏頗，出之以「有而不有，無而不無」之玄義，故能直探莊子形上境界之勝義，而妙演奇致，大暢玄風也。

丙　自生說之變質

向郭之「自生說」，揚棄莊書中實有形態與沖虛形態之「道」觀念，直就主體生命顯發映照處言自生、獨化，可謂其智悟能直探莊子形上境界之最勝義。然因魏晉之世，乃論辯風氣極盛之時，向郭處此環境，極易從宇宙論之立場，將「自生」視爲一客觀問題，加以論辯，以投合當時之風氣（註三六）；且向郭之莊學理論，本就有入俗容迹之用，故極易受其特殊之人生觀引導而變質；加以莊書中，朗現價值生命之超越根據——價值主體（「道心」）之建立，於莊注中付之闕如，遂使向郭有關人生境界之鋪陳，成無根之浮談。因而向郭於揚棄高列於造化事物外之形上本體後，却又掉入另一知解形上學之陷阱，試圖藉由宇宙論之分解，建立「自生」之理論。於是莊子苦心辯破之虛假形上學與宇宙論，於向郭莊注中再告復活，而向郭之「自生說」亦因內容之駁雜而消失詮釋莊子形上境界之功能。

向郭莊注既將「自生」視爲一客觀問題，思由宇宙論之分解以證成之，遂膠著於生與被生之因果問題，試圖由論辯之方式以呈現此一理論。齊物論篇「夫吹萬不同，而使其自己也」向郭注云：

無既無矣，則不能生有；有之未生，又不能爲生。然則生生者誰哉？塊然而自生耳。我既不能生物，物亦不能生我，則我自然矣。自己而然，則謂之天然。天然耳，非爲也，故以天言之。

庚桑楚篇「有不能以有爲有，必出乎無有，而無有一無有」向郭注云：

夫有之未生，以何爲生乎？故必自生耳，豈有之所能有乎！此所以明有之不能爲有而自有耳，非謂無能爲有也。若無能爲有，何謂無乎！一無有則遂無矣。無者遂無，則有自欻生明矣。

此兩則注文，言「自生」「自有」之方式，顯然已逾越由主體境界渾化一切之玄義，而呈現一論辯之模式。「無既無矣，則不能生有」，則「無」僅成一頑空之死體，或數學上之「零」，而非形上意義之「無」，如此自不能作爲萬物之根源，而謂「有生於無」矣。「有之未生，又不能爲生」，則謂「無」既不能生「有」，然在「有」之前，並無「有」之存在，因而更不能謂「有生於有」也。「有」、「無」既皆不能爲生，則「生」僅能爲「自生」，「有」僅能爲「自有」之義明矣。

此外，知北遊篇「有先天地生者物邪……」向郭注云：

誰得先物者乎哉？吾以陰陽爲先物，而陰陽者卽所謂物耳。誰又先陰陽者乎？吾以自然爲先之，而自然卽物之自爾耳。吾以至道爲先之矣，而至道者乃至無也。既以無矣，又奚爲先？然則先物者誰乎哉？而猶有物，無已，明物之自然，非有使然也。

此則注文，亦呈現一論辯之模式。由否定「陰陽」、「自然」、「至道」之能先物，以否定一切之「使然者」。其中尤以視「至道」爲「至無」，明「至道」之不得先物，猶「無」之不得先物，最堪注意。因一般論者皆以「道」爲高列於一切事物上之「體」之代稱，今既將「至道」視爲空無所有之「

至無」，則萬物自生、自然之義更加顯明。惟此處以論辯方式，謂「至道」即「至無」，否定「道」之存在，毫無迴旋餘地，恐非莊子之本義也。然正由此，更可見出向郭「自生說」之鮮明立場也。

向郭雖將「自生」之說，呈現爲一論辯之模式，試圖藉由宇宙論之分解，以建立其理論，然此種論證方式，實甚牽強。蓋若將此視爲一客觀問題而論辯之，則說有多種，不必皆推出與向郭相同之結論。如西方理性主義者，以爲眞理之標準，乃立基於智性與演繹，故可從因果關係以論充足理由，從充足理由以論第一因，如此則可賦予因果性概念以超越之根據。此種推論，卽大異於向郭「自生」之說也。而印度哲學中，對此問題更是衆說紛紜，如「數論」主張因果爲一——自生；「勝論」力言因果有異——他生；「尼乾子」堅持因果亦一亦異——共生；「自然外道」則主因果不一不異——無因生。眞是五花八門，猗歟盛哉！然此種由理性之繁複解析所建構之宇宙論，實皆爲成心辨解之執所形成，以至產生類似康德所言「二律背反」之矛盾現象。故佛家直捷通過緣起觀念，認定萬物恰似鏡花水月，如幻如化，由遮詮表「生」之概念不可理解也（註三七）。而莊子齊物論篇「俄而有、無矣，而未知有、無之果孰有孰無也」，暨寓言篇衆罔兩問景之一段文字，亦皆試圖粉碎一切事物之際之因果連鎖，以融化於主體之渾化境界中也。由上可見，向郭企圖由論辯方式，以證成「自生」之說，顯然將勞而少功也。

再者，若落於論辯而觀，則「自生」亦將自我矛盾，蓋「生」此動詞卽意味有「生者」與「被生者」，故一旦言生，便非自生。當代高僧釋印順云：「凡是生起，必有能生與所生，旣含有能所的差別，怎麼能說自體生呢？可以說，自卽不生，生卽不自」（註三八）。固然依向郭「自生」之理論，可謂「生者」與「被生者」是同一事物，是「變」（忽爾而生）與「不變」（無本無根）之綜合，而調和此種矛盾。然而，此種調和却不能得之於現象界（註三九），而須繫屬於主體生命之渾化一切對立與倚待，不論降於事物上運用積極之解析以達成。故知「自生說」若淪爲一客觀問題而展開論辯，將自我矛盾而不得圓滿。

由以上之論述，知向郭未能堅守立場，由主體生命所呈現之渾化境界以言「自生」，而將「自生」視爲一客觀問題以論辯之，遂使其理論橫生糾葛，而陷於滯礙難通之境，可謂係「自生說」之變質。

第三節　向郭自生說之意義

向郭莊注之「自生說」，爲中國傳統哲學上一極爲突出之觀念。雖同時裴頠之「崇有論」云：「夫至無者，無以能生，故始生者，自生也。」稍後之韓康伯注易繫辭傳「陰陽不測之謂神」亦云：「原夫兩儀之運，萬物之動，豈有使之然哉？莫不獨化於太虛，欻爾而自造矣。造之非我，理自玄應。化之無主，數自冥運，故不知所以然，而況之神。」皆有與向郭之說同歸一唱之傾向，然論其義旨之豐，條理之密，則必首推向郭之注，故尤值得探究也。茲就向郭「自生說」於思想發展史上之意義，暨其作爲莊注本身理論基礎之意義分述如下：

甲　思想發展史上之意義

向郭之「自生說」，雖本身理論稍欠圓滿，然就思想發展史之演變（註四〇）而言，其由鋪陳之方式，將道家由主體生命所呈現之渾化境界，透過概念之推演，闡發到極致，則不可不謂係一大發展。前已言及，道家哲學之發展，由老而莊，以形上實體作爲最高存有之意味漸趨淡薄，而由人生實踐以朗現「體道」境界之意味則日益濃厚，然「體道」之境界實不易詮釋，故莊書中往往透過「謬悠之說，荒唐之言，無端崖之辭」，以寓言、卮言、重言描述此種天地精神，消融其恢詭譎怪之玄理玄智。然莊書此種不經概念之解析，隨機而轉之描述方式，雖有隨說隨掃，不落言筌之妙，却易讓人有「仰之彌高，鑽之彌深；瞻之在前，忽焉在後」之感。故如何將此圓融無礙之渾化境界，透過概念之分解以鋪陳之，實有其必要。加以魏晉之世，談風熾盛，由論難方式以求取最勝義之方式被廣泛運用，則如何將莊書芒忽恣縱之描述方式，轉化爲縝密精詳之概念解析，以求壓伏群芳，申張己說，遂亦爲時勢之所趨。向郭之「自生說」由概念推演之方式，將莊子主體生命之渾化境界加以鋪陳，即承此要求而有之作也。

向郭對「自生」觀念之鋪陳，首先乃將莊書所描述，有關主體生命所朗現之渾化境界，以分解方式出之。如齊物論篇敍述南郭子綦透過「吾喪我」之工夫修證後，主體生命「荅焉似喪其耦」，而朗現一片渾化之天籟境界。然此境界乃由虛靈渾化之心所呈現，而非客觀之一物，故其意義實不易表詮，因而當子游詢及天籟之意義時，莊子祇得以搖曳飄忽之筆，就此「體」（主體生命）所呈現之「用」以指點之。子綦曰：「夫吹萬不同，而使其自己也，咸其自取，怒者其誰邪！」即謂此時不復有物我對立依待之狀，祇見萬物個個具足，皆獨化於玄冥中也。惟莊文對此渾化境界既未透過概念之分解加以鋪陳，而僅經由搖曳飄忽之筆以烘托之，故祇見其芒忽恣縱之無崖際，其意義實不易把捉也。至向郭之注，則一變此搖曳飄忽之筆而爲嚴整縝密之辭，將主體生命所朗現之渾化境界施以分解。吾人若將莊文與注文詳加比較（註四一），則知莊文僅爲隨機指點之辭；向郭之注則顯然已不由指點方式以襯托此渾化境界，而係將此境界由概念分解之方式以鋪陳之，建構爲一「造物無主，物各自造」之嚴密理論矣。「塊然而自生」、「自然」、「天然」、「自得」，皆爲表詮此渾化境界之辭，而其概念却遠較莊文明晰；且其分解式之說理方式，如「夫天籟者，豈復別有一物哉？卽衆竅比竹之屬，接乎有生之類，會而共成一天耳。」亦較莊文之「夫吹萬不同，而使其自己也」縝密精詳也。向郭此種將莊子圓融無礙之渾化境界，透過概念之分解予以鋪陳之方式，就其正面之意義而言，實有彰顯莊生義理，引導後人進入莊子思想堂奧之功；而其縝密精詳之論，亦可爲當時談士騰之於口說，宜乎莊學之進入談座，必待乎郭象之持莊理以騁辭也。

惟「自生說」既成一嚴密之理論系統，則必漸漸演變成一種純概念之發展，而消失其詮釋生命境界之功能，莊注中將「自生」視爲一客觀問題加以論辯，卽緣其理論自身之發展，所必有之要求也。然「自生說」此種純概念之發展，雖已脫離莊生之本義，且於理論上無法圓足，惟此種觀念推演到極致後，仍有其積極一面之意義。蓋依莊子之義理，人世間之一切皆落於依待而屬有限，即至人、眞人，亦僅能通過其有限以彰顯無限，故莊書中不乏對人生種種局限、障蔽之低徊悲嘆。然向郭將「自生說」推演至極致後，却可使「自生」、「獨化」具有客觀、普徧之意義（註四二），而跳出此局限，直就無所依待之境闡發其自生、獨化之玄理。因而萬物之不齊、有限，向郭皆可以自生、自足、獨化平視之，使個個圓足，自爾而獨化。於是本爲主體生命所朗現之境界，於向郭之概念推演下，乃可直接賦於芸芸之衆生。向郭此種跳出人生之局限性，直就最高境界立言之玄理，遂使人世間唯見一片簡易與清純，觸目皆是天機之自爾，萬物乃可於「獨化於玄冥」中，「各反所宗於體中而不待乎外」，而老莊所嚮往之至高至美之境界，亦可不須經歷內外之層層障礙，生命之激蕩掙扎而得之於當下。向郭此義雖僅爲概念之推演，缺乏人生實踐之意義，然其將老莊所嚮往之境界，由鋪陳之方式，推到極致，以賦於芸芸之衆生，則其玄理，不能不謂係老莊哲學於純理上之一種發展也。

乙　作爲莊注理論基礎之意義

向郭之「自生說」，一面直探莊生之玄珠，將至人主體生命所呈現之渾化境界，弘暢得淋漓盡致；一面却又順著純概念之推演，將「自生」視爲一客觀問題而論辯之，試圖藉由宇宙論之分解，建立「自生」理論之普徧性，遂使其理論產生糾葛而陷於滯礙難通之境。然向郭對「自生」觀念所作之論辯，雖顯得滯礙難通，吾人却不可將其視爲純粹概念之戲論，須知向郭特別將「自生」推演爲一宇宙論之概念，乃試圖以此作為其理論系統之基礎，思由此建立其人生觀、政治觀之超越根據也。

向郭既以萬物皆「自生」、「獨化」而無所依待，則此種思想應用於人生，必以「各適其性」為最圓滿之生活方式。此因萬物既皆「自生」，則人人各自成一空前絕後之獨體，除「自生」此點外，不能推出彼此間本質上之共通點。如此，則個人若不安頓於原始之自然狀態，而思有理想之企羡、學習之追逐，則此種舉動非但為不必要，事實上亦不可能，甚至將構成生命之負累。蓋若求實現理想、學習外物，則本質上必有共通點始有達成之可能，故儒家謂人人可為聖賢，則必肯定「性善」之共同前提（註四三），佛家謂一闡提亦可成佛，亦必肯認人人皆有佛性也。明白斯理，即知向郭既主「自生」之說，則其「天性所受，各有本分，不可逃，亦不可加」（養生主篇注）、「以小求大，理終不得，各安其分，則大小俱足。」（秋水篇注）之「適性」觀念，乃為必然之歸趨也。齊物論篇「罔兩問景」一段文字，向郭之注頗可見出其由宇宙論推向人生論之苦心。向郭云：

世或謂罔兩待景，景待形，形待造物者。請問：夫造物者，有耶無耶？無也？則胡能造物哉？有也？則不足以物衆形。故明衆物之自物而後始可與言造物耳。是以涉有物之域，雖復罔兩，未有不獨化於玄冥者也。故造物者無主，而物各自造，物各自造而無所待焉，此天地之正也。故彼我相因，形景俱生，雖復玄合，而非待也。明斯理也，將使萬物各反宗於體中而不待乎外，外無所謝而內無所矜，是以誘然皆生而不知所以生，同焉皆得而不知所以得也。

依世俗之見，則罔兩待景，景待形，形待造物者。向郭却必辯破此種依待關係，以明「自生」之義。

然觀「明斯理也」以下之注文，則知向郭建構此種「衆形自物」、「物各自生」之宇宙論，實別有用心。「各反宗於體中而不待乎外，外無所謝而內無所矜」即「各安其分」、「足于其性」之「適性」義也。觀此段注文，則向郭企圖由「自生」之宇宙論，推至「適性」之人生觀，以「自生說」爲其人生觀之超越根據，此種用心，豈非昭然可見。

同理，向郭亦企圖以「自生說」作爲其認識論之基礎，從而建立其「齊物」之觀念。故莊注言齊物，即由「性分自足」之觀念以闡發之，謂萬物雖有大小、美醜、禍福、利害、壽夭之別，然各據其性分，則無二無別，一切平齊。如齊物論篇「故爲是擧莛與楹，厲與西施，恢恑憰怪，道通爲一」向郭注云：

> 夫莛橫而楹縱，厲醜而西施好。所謂齊者，豈必齊形狀，同規矩哉！故擧縱橫好醜、恢恑憰怪，各然其所然，各可其所可，則理雖萬殊而性自得，故曰道通爲一也。

「各然其所然，各可其所可」，而其所然所可者，即性足自得耳，故云「理雖萬殊而性同得」也。由此可知，向郭之「道通爲一」實指萬物皆足於其性，無二無別也。然由前文，知物皆性足自得，實以物皆自生爲其立論基礎，故知向郭之齊物觀，亦以其「自生說」爲其理論基礎也（註四四）。

復次，向郭亦以「自生說」爲其政治觀之理論基礎。在宥篇「故君子不得已而臨莅天下，莫若無爲。無爲也而後安其性命之情」向郭注云：

> 無爲者，非拱默之謂也，直各任其自爲，則性命安矣。不得已者，非迫於威刑也，直抱道懷朴，

任乎必然之極，而天下自賓也。

「各任其自爲」即「無爲」，此乃向郭政治觀之主要義理，然此種觀念與其「自生說」實有密切之關聯，蓋「任其自爲」實卽向郭「適性說」所強調之「物任其性，事稱其能」。黃師錦鋐云：

郭象在政治上的理想，就是以逍遙篇所說的「適性」爲學說的中心，和「物任其性，事稱其能」是一意相因的。（註四五）

政治上之「任其自爲」旣與「適性說」之「物任其性，事稱其能」一意相因。而據其所述，知向郭「適性」之人生觀，乃以「自生說」爲其理論之超越根據，則知以「自生說」爲「任其自爲」之政治觀之理論根據，亦爲理之必然也。

由以上之推論，知向郭之「自生說」，實居莊注理論環節中提綱挈領之地位，莊注之主要觀念，諸如適性說、齊物觀、政治觀等，皆以此爲其理論之基礎。知乎此，則知向郭悖離莊生之玄旨，特別將「自生」推演爲一宇宙論概念，實有其建構獨立之理論系統，以成一家之言之雄心也。

第四節　向郭與莊子形上觀念之區別

向郭之自生說，雖能相應莊子形上境界之勝義，將之弘揚彰揭，使莊生之玄理，得其闡述而益彰，然其別具用心之推演，實又有明述莊旨，暗立己說之嫌。雖則以向郭之清遒勁旨，縱所言不符莊生之原旨，亦非無可觀者。然為免涇渭不分，以鹿為馬，造成思想史上觀念之混淆，故於二者之思想擘肌分理，將屬之莊生者還之於莊生，屬之向郭者還之於向郭，實有必要。二者有關形上觀念之見解，既已詳述於前，茲僅就其易啓後人觀念混淆之差異，舉其犖犖大者，分述如下：

甲　「無」為頑空與「無」為妙用之別

「自生說」既以天地之間，一切皆自爾獨化，萬物皆為空前絕後之一有，前無所憑，後無所依，故必否定「第一因」之存在，直就造化事物自身暢言自然、獨化之玄理。「無既無矣，則不能生有。有之未生，又不能為生。」即為向郭否定一切「第一因」存在之明白宣告。向郭此種否定「第一因」存在之理論，若活觀以通其意，固為其冥契莊生主體之渾化境界所作之鋪陳，於莊子形上境界之勝義，有弘揚彰揭之功。然於莊子形上思想瓌瑋參差之多姿，則顯然仍有所不及。而此種差異，其中關鍵在於雙方對「無」之體認。

「無既無矣，則不能生有」、「夫造物者，有耶無耶？無也？則胡能造物哉？」則「無」僅為一頑空之死體，或數學上之「零」，其不能為生化之本固明矣。然吾人須知，若係針對以「無」為邏輯概念或存有論概念者之批判，則向郭之斷語固有其意義（註四六），然若逕以「頑空之死體」視莊子之「無」，則此種詮釋顯然與莊生之旨趣大相乖悖，而未能善解「有生於無」之一義。

莊子之「無」，至少有三層涵義，一為現象界中有無之「無」；一為超現象界之「無」，此「無」

往往與「道」合觀，視爲萬物生化之超越根據；一爲主觀上沖虛寂無之心靈化境。現象界中有無之「無」，無特殊之涵義，自可存而不論，而據前所述，知莊子雖著重於人生層面闡述其體道之境界，亦卽著重闡述其主觀上沖虛寂無之心靈化境，然而以「無」爲萬物生化之超越根據之義則仍然保存。知北遊篇中以「道」爲無形之形形者，非物之物物者，卽爲此義（註四七）。而此「無」雖高列於萬物之上，而爲生化之超越根據，卻非爲理智思辨所臆構之邏輯概念、存有論概念，或頑空之死體，而爲價值意義之形上根據。若將「無生有」視爲一形上學，則爲由實踐而來之境界形態之形上學，而非實有形態之形上學（註四八），其涵義與以「無」爲主觀上沖虛寂無之心靈化境，爲一體之兩面。故「無生有」之義，於莊子思想中，可說可不說，端視如何呈現「無」之實義耳。而向郭莊注「無既無矣，則不能生有」之說，逕以「無」爲不能生化萬物之頑空死體，雖有遮撥由理智臆構之虛妄形上學之作用，然不知莊子之「無」實乃無限之有、無限之妙用，爲萬物生化之超越根據之沖虛玄德；不知由價值論上之意義以會通「有生於無」之一義，則顯然不可謂善解也。

乙　知解形上學與實踐形上學之別

莊子形上學之形態，不論是以「沖虛形態」或「渾化形態」詮釋之，其本質皆爲繫屬於主體生命所開發，而非經由理智思辨之分解所臆構，故莊子之形上學實可稱之爲「實踐的形上學」，此觀莊書中對由知解而來之實有形態之形上實體多所駁斥可知（註四九）。

向郭「自生說」直就主體生命之渾化境界所作之鋪陳，雖甚能契合莊子價值哲學之本義；然其復由純概念之推演，將「自生」視爲一客觀問題而論辯之，試圖藉由宇宙論之分解，建立「自生」理論之普徧性。此種論辯雖有其自成一家之言之雄心，然此種憑知解所建立之形上學，却反悖於莊子價值哲學之本義。故不但其理論本身自顯矛盾，且其論辯之模式，實又復活莊子所要辯破之知解形上學。湯用彤氏、近人馮氏皆經由此種論辯模式，以認識向郭之「自生說」，故謂向郭爲比裴頠更道地之崇有論者（註五〇）。此種詮釋，固未能善盡「自生說」之底蘊，然恰可說明經由論辯方式以說明「自生」，實已悖離莊子由主體生命朗現萬物自爾獨化之境之原義，淪爲虛妄之知解形上學，使其「自生說」之義旨夾雜，以致後人難以窺其眞相也。

向郭之「自生說」雖談玄達於極致，然其由論辯方式所建立之理論本質上既爲一虛妄之知解形上學，則此種形上學於實際之人生境界、功夫修證上全無意義。吾人如欲契入莊子之形上境界，則於此種「知解形上學」與「實踐形上學」之大分野，實不容掉以輕心。

【附註】

註一：其中以王弼尤爲重要。

註二：論語述而篇邢昺正義引。

註三：老子第十章注。

註　四：王氏「老子微旨例略」云：「老子之書其幾乎！可一言而蔽之，噫！崇本息末而已矣。」

註　五：王氏「周易略例明象」云：「物無妄然，必由其理，統之有宗，會之有元。」又云：「自統而尋之，物雖衆，則知可以執一御也；由本以觀之，義雖博，則知可以一名舉也。」

註　六：此處之論點採自黃師錦鋐師大國研所上課筆記。

註　七：見晉書卷三五，裴秀傳附頠傳。另據魏志裴潛傳注引陸機「惠帝起居注」曰：「頠……著崇有貴無二論，以矯虛誕之弊。」頠之「貴無論」今不傳，由「以矯虛誕之弊」之言，知與何王之貴無絕不相侔也。

註　八：崇有論云：「夫總混群本，宗極之道也。形象著分，有生之體也。化感錯綜，理迹之原也。夫品而為族，則所稟者偏。偏無自足，故憑乎外資。是以生而可尋，所謂理也。理之所體，所謂有也。」

註　九：何王之「無」乃為宇宙生化之超越根據，然依裴氏之見，「無」僅為一「非有」（即有之不存在）。故崇有論云：「生以有為已分，則虛無是有之所謂遺者也。」

註一〇：裴頠之生卒年（二六七——三〇〇年）稍後於向秀（約二二七——二七七年），而與郭象（約二五二——三一二年）約略相等。嚴格言之，實不能謂莊注承襲崇有論。然自然、名教之抗爭既烈，當時著論反貴無者，當非僅裴氏一人而已，惜其著作不傳耳。故裴氏之論極可能為衞道之士之一貫主張，而曾為向郭所濡染也。且莊注之「自生說」，雖發於向秀，然至郭象始粲然大備（見第二章），則郭氏亦可能係受崇有論之影響而言之更精也。黃師錦鋐、錢賓四氏皆謂莊注有本於裴頠之旨，茲從之。

註一一：黃師錦鋐語，見「郭象」頁三三。

註一二：見師大國研所課堂筆記。

註一三：嚴格言之，將莊子對超越世界（即「道」）之體悟，以西方慣用之「形上學」（metaphysics）——包括「存有論」（ontology）與「宇宙論」（cosmology）——一語表之，實甚勉強。故此處對「形上學」之用法，將採較廣之義涵，包括人性體驗之層次、人生之境界，與研究宇宙客觀實體之學問等。

註一四：由於莊書義理之表詮，多由寓言、卮言、重言等描述性之語言以烘托之，而非由分解之方式以展示之。故莊書涉及

「道」觀念之言，並非一定以「道」字表之，本文乃以義理形態定其歸屬。

註一五：見嚴氏評點莊子。

註一六：見錢編莊子纂箋。

註一七：見「郭象」，頁二五。

註一八：「或之使，莫之爲，疑之所假。」成疏：「有無二執，非達者之心，疑惑之人情偏，乃爲議論也。」

註一九：「二律背反」即理論互相矛盾而又各能證明其爲眞。康德於批評傳統之宇宙論時，討論四組「二律背反」，第四組討論最高存有問題，其正論題爲：有一絕對必然之存有屬於此世界，或爲世界之一部，或爲世界之原因。反論題爲：不論於世界中或世界外，無絕對必然之實有，爲世界之原因。（參見勞思光「康德知識論要義」頁一八八）此第四組之正論題恰與「或使」說相當，反論題恰與「莫爲」說相當。

註二〇：即使如此，由道「可傳而不可受，可得而不可見」之性格，亦不當純以實有形態之「道體」視之也。蓋此二句之意，似已有傾向於以「道」爲人生踐履所達之境也。

註二一：見黃師「新譯莊子讀本」，頁三五。

註二二：由此亦可通於逍遙義。

註二三：見本節甲、莊子形上學之形態。

註二四：即「道」之客觀性、實體性與實現性。

註二五：齊物論篇「惡識所以然！惡識所以不然！」下注。

註二六：人間世篇「剋核大至，則必有不肖之心應之，而不知其然也」下注。

註二七：大宗師篇「（女偊）曰：吾聞道矣。」下注。

註二八：大宗師篇「吾師乎！吾師乎！䪡萬物而不爲義，澤及萬物而不爲仁。」下注。

註二九：天下篇「形物自著」下注。

註三〇：大宗師篇「知人之所爲者……」下注。

註三一：秋水篇「以功觀之……」下注。

註三二：至於向郭又將「自生說」視爲一客觀之宇宙論概念以推演之，此則爲向郭本身理論之夾雜，當於後文詳述。

註三三：以下承黃師錦鋐提示，如有一言可採，亦當歸於黃師之啓發，故謹誌於此。此外，本章第一節已論及「自生說」之淵源，然該節偏重於實質內容之淵源；而此處謂「自生說」有取於老子之智慧者，則爲表達方式之採擷，故分而述之。

註三四：唐君毅先生語，見中國哲學原論原道篇卷二，頁九二二。「無有」即前文所謂之「打破實有形態之道體觀念」；「無無」即「化除沖虛形態之形上根源」。

註三五：黃師錦鋐謂此爲「老子的循環律」。

註三六：特別極可能受「有無之辯」之影響。

註三七：佛家雖亦對萬物施行繁複之解析，然「緣起」爲消極性之觀念，表示「一物之生」之不可理解，故不同一般由理性建構之宇宙論。

註三八：見中觀論頌講記，頁四四。慧日講堂出版。

註三九：現象界之事物恆相依相待，說見前。

註四〇：尤指道家哲學。

註四一：注文詳見本章第二節。

註四二：即不必繫屬於主體生命之觀照，而是萬物皆可得之於當下。

註四三：荀子雖主性惡，然仍承認「心」可「虛壹而靜」，有認知之功能。則此「心」仍爲人人本質上之共通點。

註四四：此外，由齊物論篇「惡識所以然，惡識所以不然」向郭所注：「故任而不助，則本末內外，暢然俱得，泯然無迹。若乃責此近因而忘其自爾，宗物於外，喪主於內，則愛尙生矣。雖欲推而齊之，然其所尙已存乎胸中，何夷之得有哉？」更可見出齊物必立基於自生之義也。

註四五：見「郭象」，頁三九。

註四六：此即爲針對成心所建構之虛妄形上學所作之批判。
註四七：詳見本章第二節。此即以「沖虛形態」視「道」之義。
註四八：詳見本章第二節。
註四九：同註四八。
註五〇：湯氏說見「魏晉玄學論稿」頁五〇。馮氏說見「新原道」第七章：玄學。

第六章　向郭之齊物觀

第一節　向郭齊物觀之內容

莊子之齊物思想（註一），就其究竟義而言，乃在達成「天地與我並生，而萬物與我為一」之人生境界。故其本質，乃是由人生修養所透顯之形上洞見、人生智慧，而可通於其逍遙、獨化等義旨。然莊書對此觀念之處理，依然透過對人類認知活動、情識活動等問題之剖析，以探討「物」與「物論」不齊之障蔽與可齊之道，最後方以言泯言，視一切之言說、概念，皆為「權說」。並由「天府」、「葆光」之主體境界消融一切，以歸於境界之「無言」（註二）。如此，「齊物」之觀念又具有認識論之性質（註三）。由上可知，莊子之齊物思想，內容甚為豐富，義理脈絡之發展亦極其曲折跌宕，堪稱「宏大而闢，深閎而肆」也。

向郭莊注之義理，偏向於闡述莊子之最高境界，故其言「逍遙」、論「自生」，雖有偏頗之處，然其理論之勝義，亦能相應於莊子之玄旨。惟當向郭亦企圖通過其論「逍遙」、「自生」之義旨，以闡釋莊子之齊物思想時，則僅能就齊物思想通於「逍遙」、「自生」之義旨，彷彿其一二，而於莊子齊物思想層層轉折之深切義理，非但未能契合無間，且自陷於小知小見之偏執而不自知。茲先就其「齊物觀」之要旨，分述如下：

甲　向郭齊物觀之基本觀念

「性分自足」為向郭齊物觀之基本觀念，向郭卽企圖由此一觀念，以直接說明或間接論證殊異之萬物與相對之理論，皆可無二無別而歸於齊一。

向郭認為，天下萬物雖有長短、大小、壽夭、美醜、禍福、得失之別，然若各據「性分」，則可自足圓滿，無虧無欠，而各得其絕對之價值，故可謂萬物皆齊一而無差等也。齊物論篇「故為是舉莛與楹，厲與西施，恢恑憰怪，道通為一」向郭注云：

夫莛橫而楹縱，厲醜而西施好。所謂齊者，豈必齊形狀，同規矩哉！故舉縱橫好醜，恢恑憰怪，各然其所然，各可其所可，則理雖萬殊而性同得，故曰道通為一也。

同篇「天下莫大於秋豪之末，而大山為小；莫壽於殤子，而彭祖為夭。天地與我並生，而萬物與我為一」向郭注云：

夫以形相對，則大山大於秋豪也。若各據其性分，物冥其極，則形大未為有餘，形小不為不足。苟各足於其性，則秋豪不獨小其小而大山不獨大其大矣。若以性足為大，則天下之足未有過於秋豪也；若性足者非大，則雖大山亦可稱小矣。故曰天下莫大於秋豪之末而大山爲小。大山爲小，則天下無大矣；秋豪爲大，則天下無小也。無小無大，無壽無夭，以蟪蛄不羨大椿而欣然自得，斥鴳不貴天池而榮願以足。苟足於天然而安其性命，故雖天地未足爲壽而與我並生，萬物未足爲異而與我同得。則天地之生又何不並，萬物之得又何不一哉。

由此二則注文，知向郭乃由「性分自足」之觀念以言齊物。美醜、大小、壽夭等外在之不齊，若通過「性分自足」以遮抹之，皆可歸於齊一也。

向郭此種由「性分自足」之觀念以言齊物之義旨，若能收歸於道心所顯發之價值意義以作釋，而不作過度之推演，則尚能不失莊子之玄旨。蓋性分自足、萬物齊一，並非現象界之實然狀況，而係主體生命離形去知後，在眞君凸顯朗照下，萬物皆自足圓滿、無差無別之狀也。向郭若能謹守此義以言「性分自足」而不歧出，用之釋齊物之旨，則雖未能掌握莊子齊物思想之豐富義旨，然仍可遙契莊子最高之齊物境界（註四），而不失爲善解也。

然向郭却別具用心，故旋悖離莊旨，將「性分自足」視爲現象界萬事萬物之實然狀態，並圖以此爲其立論之基礎，推演出其齊物之理論，於是成心毋須轉化，爭辯可以共存，偏見不必杜絕，欲念盡屬合理。現象界之種種不齊，在此浮泛之性足思想推演下，皆可達於齊一矣（註五）。

乙　向郭齊物觀之論證方式

大抵言之，向郭由「性分自足」以言齊物之觀念可涵有二義，一爲道心所朗現之價值意義，一爲浮泛之現象意義。當向郭直接由「性分自足」之觀念，以言萬物皆齊一而無差等，不作過度之推演時，由於尙未涉及對人類認知活動、情識活動之詮釋，故其基本之義理取向，雖已有陷入浮泛之現象意義之傾向（註六），然此種浮泛之俗論尙未彰顯，故猶可視之爲對莊子齊物境界之描述。然當向郭亦企圖由「性分自足」之觀念，以詮釋齊物觀中涉及認識論之問題時，在其理論推演下，其浮泛之俗論遂暴露無餘矣。

齊物觀中涉及認識論之問題，亦即涉及如何齊「物論」之問題，主要歸結於「是非」問題之處理。對此問題之內容與性質，向郭與莊子之看法並無二致，彼等皆視「是非」乃出於各人主觀之偏執，而無客觀之意義，如齊物論篇「彼亦一是非，此亦一是非。果且有彼是乎哉？果且無彼是乎哉？」向郭注云：

> 此亦自是而非彼，彼亦自是而非此，此與彼各有一是一非於體中也。今欲謂彼爲彼，而彼復自是；欲謂是爲是，而是復爲彼所彼；故彼是有無，未果定也。

惟雙方對內容與性質之看法雖無二致，然向郭於此問題之解決，却另闢蹊徑，而有特殊之論證方式。首先，向郭乃由順任「成心」，順任「是非」之方式，以求達於「齊是非」之境。齊物論篇「夫隨其成心而師之，誰獨且無師乎？奚必知代而心自取者有之？愚者與有焉。未成乎心而有是非，是今日適越而昔至也」向郭注云：

夫心之足以制一身之用者，謂之成心。人自師其成心，則人各自有師矣。人各自有師，故付之而自當。夫以成代不成，非知也，心自得耳。故愚者亦師其成心，未肯用其所謂短而舍其所謂長者也。今日適越，昨日何由至哉？未成乎心，是非何由生哉？明夫是非者，群品之所不能無，故至人兩順之。

由「人各自有師，故付之而自當」、「明夫是非者，群品之所不能無，故至人兩順之」之語，知向郭此種順任之思想，實由「性分自足」之觀念而來，蓋人人皆「性分自足」，而「成心」、「是非」皆屬性分內事，故不必圖謀超轉，直順任之，而「成心」、「是非」之不齊，皆可自齊矣。故同篇「是以無有為有，無有為有，雖有神禹，且不能知，吾獨且奈何哉！」向郭注又云：

理無是非，而惑者以為有，此以無有為有也。惑心已成，雖聖人不能解，故付之自若而不強知也。

「理無是非」之「理」，即「性分之理」，此乃向郭為其「順任」之齊物方式，立一更穩當之基石也。「性分之理」既無是非可言，且須「付之自若而不強知」，故達於「齊是非」之最佳方式，乃順任萬物，使各足於其性分之內，故可謂「順是順非」即可「無是無非」也。

其次，向郭又企圖由「反覆相喻」之方式，以化解是非，而達於「無是無非」。「反覆相喻」者，乃是以彼喻此，以此喻彼，使原本是者為非，原本非者為是，而使「是」「非」兩方，在此反覆相明中，達於齊平也。齊物論篇「欲是其所非而非其所是，則莫若以明」向郭注云：

夫有是有非者，儒墨之所是也；無是無非者，儒墨之所非也。今欲是儒墨之所非而非儒墨之所是者，乃欲明無是無非也。欲明無是無非，則莫若還以儒墨反覆相明，反覆相明，則所是者非是而所非者非非矣。非非則無非，非是則無是。

此外，向郭又以爲天下人事無絕對之是非，故唯有以「反覆相喩」之方式，化解是非而去之，方能任萬物之性分，而達於齊物之境。同篇「天地一指也，萬物一馬也」向郭注云：

將明無是無非，莫若反覆相喩。反覆相喩，則彼之與我，既同於自是，又均於相非。均於相非，則天下無是；同於自是，則天下無非。何以明其然邪？是若果是，則天下不得「復」（註七）有非之者也。非若果非，（則天下）（註八）亦不得復有是之者也。今是非無主，紛然淆亂，明此區區者各信其偏見而同於一致耳。仰觀俯察，莫不皆然。是以至人知天地一指也，萬物一馬也，故浩然大寧，而天地萬物各當其分，同於自得，而無是無非也。

雖然向郭此種由「反覆相喩」之方式，以化解是非之方法，僅爲一種外在之化解方式，而祇能獲得齊平之假相，且其純由現象界立言，故其所達到之「無是無非」之境，將反陷入「各信其偏見」之主觀（註九）。然觀乎其「而天地萬物各當其分，同於自得，而無是無非也」之結語，則知向郭此種由「反覆相喩」以達於「無是無非」之論證方式，原其用心，仍立基於其「性分自足」之一貫立場也。

復次，向郭又由論辯雙方之態度，以論證是非之齊平。向郭認爲「自是而非彼，美己而惡人」之態度，乃衆人之所同，故可由此態度之同以遮抹雙方內容之異，以達於「彼我均」之境。齊物論篇目下，向郭注云：

夫自是而非彼，美己而惡人，物莫不皆然。然，故是非雖異而彼我均也。

「自是而非彼，美己而惡人」，本爲不合理之偏執，然向郭却逕下承認之，且由「物莫不皆然」以肯定如此即爲「彼我均」。如是，則「物論」毋須齊，縱是非永遠存在，而彼我仍爲均等，順任現象界種種實然之差異，即爲齊物矣。向郭此種論證方式，實有混淆實質與形式之弊，因莊子之齊物，絕非就外在之辯論態度而齊之也。然推向郭之意，由其以「自是而非彼，美己而惡人」爲「物莫不皆然」之普徧現象，則知向郭乃以此爲萬物之「性分」也。故向郭此種由論辯雙方之態度以言齊平是非之論證方式，若溯其源，仍不脫其「性分自足」之觀點也。

此外，向郭亦由「物皆自是」與「物皆相彼」以推論天下之「無彼無是」（註一〇）。齊物論篇「物無非彼，物無非是」向郭注云：

物皆自是，故無非是；物皆相彼，故無非彼。無非彼，則天下無是矣；無非是，則天下無彼矣。無彼無是，所以玄同也。

此即謂「彼」「是」皆爲關係質，並無絕對之「彼」「是」可言，故可「彼」「是」並存於一體，而謂「物無非是，物無非彼」；然亦可彼是俱遣，以言「天下無是，天下無彼」而達於「無彼無是」之「玄同」也。推向郭此種論證，乃立基於「物皆自是」、「物皆相彼」上，即物皆各有一彼一是於體中也（註一一），故其「無彼無是」之「玄同」，實乃順任彼是之玄同也。而此論實仍不離現象意義之「性分自足」觀念之申發，惟向郭於此更益以眩人之詭辯耳！

綜上所述，知向郭齊物觀之論證方式雖撩人耳目，然不外以現象意義之「性分自足」觀念爲其基礎。向郭此種不由較高之層次以求物論之齊，而純由現象界立言，以逞其才智之論證方式，實無異抱薪救火，非但未能齊一物論，恐有煽惑他人堅執偏見之弊，而成爲小知小見者偏執其成心之護符也。

第二節　向郭齊物觀之意義

甲　齊物爲達成適性之法門

向郭以「性分自足」爲基礎，推闡其齊物之觀點，基本上乃與其由「適性」以言逍遙之意聲息互通，惟適性說乃直就人生觀而言，而齊物觀則須探討認識論之問題，斯爲其所異耳！然齊物之義既被證成，而有其必然性（註一二），則若通於此義，自可由此智悟以生出一大信念，以堅持其「適性」之人生理想也。蓋人人既知萬物皆齊，則羡欲之累可絕，矜心之驕必去，而可安於其性分之內矣。因此時已知「稱體而自足」之人生乃最逍遙之人生也。齊物論篇「五者圓而幾向方矣」向郭注云：

此五者，皆以有爲傷當者也，不能止乎本性，而外求無已。夫外不可求而求之，譬猶以圓學方，以魚慕鳥耳。雖希翼鸞鳳，擬規日月，此愈近，彼愈遠，實學彌得而性彌失。故齊物而偏尚之累去矣。

由「齊物而偏尚之累去矣」，知瞭解齊物之義，實可絕羡欲之累，有輔助達成「適性」之功能也。近人馮氏云：『一物卽能「自足於其性」，然若不能齊物，不能「玄同死生」、「彌貫是非」，則在此能「自足」，在彼或不能「自足」。樂生者未必能樂死，安於得者未必能安於失。此所謂「逍遙而係於有方」，其逍遙是有限的。』（註一三）卽此之謂也。

此外，向郭由現象意義之「性分自足」觀念以言「齊物」，則其「齊物」乃順任現象之不齊以爲齊，而此種順任之思想，實涵有重視天下萬物各有其不可抹滅之「絕對價値」之義，而可通於其「適性說」之重人物特殊性、個性之義也。故知通齊物之義，亦將有助於對「適性說」之全盤認識也。

由上所述，知向郭之逍遙、齊物二義，實有緊密之關係，而通達齊物之義，乃達成「適性」理想之一大法門也。

乙　成心意義之新詮釋

道家之學，在致虛守靜之精神祈嚮下，原則上對人心之認知活動與情識活動（註一四）抱有警惕之態度，故老子有「虛其心」、「絕聖去知」、「絕學無憂」之言，而莊子對人心之戒懼尤爲突出，彼以「成心」名此認知與情識活動之心（註一五），且視此心爲「芒」、爲「近死之心」，乃人生負面價値之表現。故當莊子由反省之照察以透視此心之負面價値之際，乃發爲極爲深刻之剖析與悲嘆。

齊物論篇云：

一受其成形，不亡以待盡，與物相刃相靡，其行盡如馳，而莫之能止，不亦悲乎！終身役役而不見其成功，苶然疲役而不知其所歸，可不哀邪！人謂之不死，奚益！其形化，其心與之然，可不謂大哀乎？人之生也，固若是芒乎？其我獨芒，而人亦有不芒者乎？

養生主篇云：

吾生也有涯，而知也無涯。以有涯隨無涯，殆已；已而爲知者，殆而已矣。

在宥篇云：

人心排下而進上，上下囚殺，淖約柔乎剛強。廉劌彫琢，其熱焦火，其寒凝冰。其疾俛仰之間而再撫四海之外，其居也，淵而靜；其動也，懸而天。僨驕而不可係者，其唯人心乎！

天地篇云：

有機械者，必有機事；有機事者，必有機心。機心存於胸中，則純白不備；純白不備，則神生不定；神生不定者，道之所不載也。

此類之言，充斥莊書。豹窺一斑，鼎嘗一臠，觀莊生於此所作之無情剖析，則知其於「成心」之禍害，實有深切之悲感也。人之情識活動，本爲欲望大海之源，爲人生一切擾動之本，故佛家對此即逕以「無明」視之，因而莊子對情識活動之剖析，實深能曲盡人心隱微處之幽暗也。而人類亦當有此一深刻之反省，方能顯出「眞宰」雖未能永現作主，而有沈淪之時，然人類却終不甘長久陷溺於此芒昧之中，因而，於此悲痛之反省中，卽已顯示人類向上之生機畢竟不可斲傷，而人類存在之尊嚴，亦將由此反省而確保也。

然而，人心之情識活動固屬芒昧，且爲一切陷溺痛苦之本源，故莊子對此顚倒見之批判，確有其深刻之意義。惟人心之認知活動，本爲不具價値色彩之中性活動，何以莊子仍一倂加以批判，而有類於「反知」之言（註一六）？此則除莊子對人類認知活動之局限性有極深刻之體認外（註一七），在於其發現，人類之認知活動，乃不祇爲一單純之認知作用，而往往與情識結合，相挾而俱現。如此，則認知活動遂喪失其單純性，而爲情識所操縱，以淪爲情識芒昧活動之工具矣。齊物論篇謂「大知閑閑，小知閒閒；大言炎炎，小言詹詹。其寐也魂交，其覺也形開，與接爲構，日以心鬥。縵者，窖者，密者。小恐惴惴，大恐縵縵。其發若機栝，其司是非之謂也；其留如詛盟，其守勝之謂也；其殺若秋冬，以言其日消也；其溺之所爲之，不可使復之也；其厭也如緘，以言其老洫也；近死之心，莫使復陽也」卽對情識活動與認知活動結合後，所產生之禍害而作之生動描述也。認知活動之單純性既易變質，而淪爲助成大亂之工具，則毋怪乎其與情識活動同爲莊子所掊擊也。

人類認知活動既爲莊子所掊擊，其價値亦因此而遭否定，此則不能不謂係一大缺憾也。蓋莊子之學雖旨在達成逍遙之境界，然逍遙樂土却不能捨人間世而求得，因而對現象界知識之認知，實不能予以全面之堵絕，蓋得道者並非祇如嬰孩之渾沌無知（註一八），而其主體生命亦不能祇如「無知之物」之「塊不失道」也（註一九），故莊子對認知活動之排斥、掊擊，雖有其生命悲感之深沈體驗，然不能不謂係其理論之缺憾也。

向郭莊注對「成心」之性格，則另有解說。齊物論篇「夫隨其成心而師之，誰獨且無師乎？」向郭注云：

夫心之足以制一身之用者，謂之成心。人自師其成心，則人各自有師矣。人各自有師，故付之而自當。

向郭以「心之足以制一身之用者，謂之成心」，則「成心」乃指可從事認知活動，以產生知識之心；以及能支配吾人各種活動，以指引日常生活之心也。且由「人自師其成心，則人各自有師矣。人各自有師，故付之而自當。」則知向郭對「成心」之合理性，已予以積極之肯定也。觀向郭此義，顯然已與莊子僅由心之封限性、執著性以瞭解「成心」，因而徹底否定認知活動價值之態度大相逕庭也。而向郭對「成心」性格之解說，能夠肯定認知活動之正面價值，亦可彌補莊子否定人類認知活動價值之缺憾，可謂係其莊注齊物觀最具意義之論點也。

惟向郭雖對認知活動之價值有所肯定，然仍未能對認知活動之要素，諸如認知主體、認知客體、認知媒介等問題暨其相互之關係予以探究，以對人類之認知活動作一徹底之反省。故其「成心」義之新詮釋，就思想發展史之意義而言，仍無甚價值也。然此乃中國哲學之通病，亦不足爲向郭病。所可注意者，乃向郭之賦「成心」以新意義，實與其由現象意義以言逍遙、齊物之觀念，聲息互通，此解實違悖莊子價值哲學之本色，而自陷於俗情俗見之中，吾人絕不可因其有一得之見，遂忽略其偏失也。

第三節　向郭與莊子齊物觀之區別

「天地與我並生，而萬物與我爲一」之齊物境界，乃莊子言齊物之最高理想，而亦爲向郭莊注之齊物觀歸宿之所，然由於雙方對此境界之體認不同，論證方式亦有歧異，故二者之齊物觀念差距頗大，茲舉其主要各點，分述如下：

甲　偏重言說與消融言說之別

莊子對齊物境界之證成，雖亦憑藉言說之功能，表現爲一「論」之模式（註二〇），故先透過對人類認知活動與情識活動之批判，以說明物與物論不得齊平之故，並運用種種方法，以論證齊物之必然（註二一）。然莊子却深知言說本身之局限，瞭解透過言說所表達之概念，容易引發永無休止之辯論。如其既以能齊物爲「是」，不能齊物爲「非」，則豈非又造成以己爲「是」，以他人爲「非」之「是」「非」對立之局，而永不能有眞正齊物之時乎！故莊子於理論層面反覆推闡其觀點之餘，旋以言泯言（註二二）。齊物論篇云：

今我則已有謂矣，而未知吾所謂之其果有謂乎，其果無謂乎？

「未知吾所謂之其果有謂乎，其果無謂乎？」即示人不可執著其所言之概念，須「得魚忘筌」，因而

「有謂」即爲「無謂」也。故莊子隨後又點出「天府」、「葆光」之主體境界，以徹底消融言說之問題，而歸於境界之「無言」。齊物論篇云：

> 孰知不言之辯，不道之道？若有能知，此之謂天府。注焉而不滿，酌焉而不竭，而不知其所由來，此之謂葆光。

在「不言」、「不道」之「天府」、「葆光」朗照下，「物」與「物論」齊或不齊之問題已毋庸爭辯，而告根本解決，先前之理論言說，乃祇成一時之權說，而皆得排遣矣（註二三）。由此可知，莊子之齊物義所著重者，並非理論之問題，而係生命存在之問題，概念言說僅有指點引導之作用，逾時即廢，其所嚮往之齊物境界，乃泯棄言說，由主體生命消融一切對立之境界也。

然而，向郭却未能善體莊子以言泯言，由主體境界消融一切對立之智慧，故莊注祇偏重由理論之層面以論證齊物，而忽視言說本身之局限性，致未能由境界上之「無言」以求問題之根本解決。如前文所述，齊物論篇於理論層面反覆陳述其觀點之餘，旋以言泯言，用以表示其「有謂」實即「無謂」。並由「天府」、「葆光」之主體境界以徹底消融言說之問題，而歸於境界之「無言」。惟「天府」、「葆光」乃較偏於「體」而言，同篇另有一段文字代表此「體」之「用」之無差別性、對立性之如如而化之狀：

> 天下莫大於秋豪之末，而大山爲小；莫壽於殤子，而彭祖爲夭。天地與我並生，而萬物與我爲一。

此段莊文之用意與「天府」、「葆光」同，乃在點出一具體之人生境界，一「無言」之境界，用以徹底消除理論上「彼」「是」滋生不盡之困擾，使理論之齊物，消融於境界之齊物之中也（註二四）。

然向郭注此文云：

夫以形相對……萬物之得又何不一哉！（註二五）

就此段注文本身而言，向郭由「性分自足」之觀點以釋齊物之旨，理解尚稱正確。然此段莊文之重點，却非重在論「物」之齊一，而係企圖由人生境界之「無言」，以徹底消融由言論所造成之孳生不盡之困擾。然向郭却忽視此重大之關鍵，以至對莊子此種用心茫然不解，而仍落於理論之辯說——以「性足」等義詮釋齊物之旨。殊不知，「理論」「言說」問題之消解，正乃莊子所急思解決之問題也。故向郭此段注文之本身雖尚正確，然正暴露其不解莊子消融言說之用心也。

此外，向郭以現象意義之「性分自足」觀念爲基礎，由順任是非、反覆相喻等論證方式爲方法以言齊物，如前所言者，亦可見出向郭乃偏重由言說以論證其齊物之觀念，而與莊子之由「言」以通於「無言」，由「境界」以消融「理論」之旨趣，有明顯之歧異也。

中國哲學之特質，由於特重妙道之體證，而此妙道乃超於言意之外，故極重言語外圍之「默」所表達之意，而不由純思辨以建立一思想體系。如道家以不言爲教，重言說之消融，以證無言之境；孔子亦有予欲無言之嘆，以默與天契；而佛家更以言語道斷，心行路絕爲第一義。故知言語之用，有時而窮，泯除言說，方證聖域。今向郭既偏重由言說以論證齊物，則其於莊生齊物之旨，已失之於交臂，其終身莫由，亦可知矣。

乙　現象之齊物與境界之齊物之別

莊子對於一切對待之形式，諸如是非、美醜、成毀、人己、貴賤、短長，皆視爲事物之表相而無絕對之意義，故莊書對此頗多斥破之辭，而要求達於「天地與我並生，而萬物與我爲一」之齊物境界。然莊子之「齊物」絕非僅爲一抽象之觀念，而係一種人格修養之境界，故其斥破對待之言，絕不能由現象界之觀點加以瞭解。黃師錦鋐云：

> 莊子認爲自我與外界存在的關係，要經歷冥合的過程，不是運用知識。因爲莊子根本的思想是「天地與我並生，而萬物與我爲一」，假使運用知識，就是自我與大體分離，所以齊物論提出「吾喪我」以表明離形去知的意見。（註二六）

斯言甚是！蓋吾人若本現象世界之觀點，以求瞭解莊子之思想，將枘鑿不入。因就現象界觀之，萬物莫不殊異，豈可謂「萬物一齊，孰短孰長」（秋水篇）乎！此理淺顯易懂，故不煩贅言。由此知莊子之「齊物」，與現象界之知識無關，而係一種人生境界之開拓也。此因一切對待皆來自心知與形軀之偏執，若能離形去知，以「休乎天鈞」，則「物」與「物論」皆可不齊而齊之矣。故齊物論篇於破除種種對待之障蔽後，必歸於境界之無言，而大宗師篇亦謂「有眞人而後有眞知」，言不偏執一端之「眞知」僅能爲「眞人」所體現也。

由上可知，莊子之「齊物」，乃由離形去知後之道心所朗現之人生境界，絕非現象界之「假平等」

明矣。然向郭莊注之性格，由於較偏重思辨性，而缺乏證道之體驗，故作爲莊子生命哲學依據之「道心」，於莊注中始終未見有相契之詮釋，因而當向郭由「性分自足」之觀念以言齊物之際，往往不易就價值之層面申發，而反將之視爲現象上之實然，是以莊子境界意義之齊物觀念，於向郭莊注中遂一變而爲現象意義之俗論矣（註二七）。故向郭不論由「順任是非」、「順任成心」之方式以齊是非；抑或由「反覆相喻」之方式以齊是非；或者由論辯雙方之態度以齊是非；甚或由「物皆自是」與「物皆相彼」以推論天下之「無是無非」，說法雖有多種，若推其立論之根據，則不外乎以現象意義之「性分自足」觀念，爲其立論之基礎也。

現象世界萬物殊異，是非無窮，其不齊乃必然之現象，唯有於人生境界不斷開拓，以追尋生命之本眞，達於與道合一之至人境界，方可眞正消融現象之不齊。今向郭未能達此境界，唯以眩人耳目之論證方式以求萬物之齊一，毋怪乎其終不脫現象意義之俗論也，若欲由此以達齊物之境，豈非負建鼓而尋亡子者邪！

丙　無是無非與大是大非之別

莊子之齊物境界，乃超越一切對待之境界，亦即爲超越是非之相對性，以達於「無是無非」之境界。而此「無是無非」，恰與莊注順任「性分」，以達「無是無非」之齊物義頗爲雷同。然二者之層次實有別，爲避免雙方觀念之混淆，故特辯明之。

莊子之齊物境界，固要求達於「無是無非」，如齊物論篇云：

是非之彰也，道之所以虧也。

然而，此種「無是無非」之境界，並非得之於現成，而係經歷種種破執顯眞之工夫，尤其是對「成心」之徹底解剖以達成。此因「成心」之虛妄流轉乃一切陷溺之源。故齊物論篇云：

道惡乎隱而有眞僞？言惡乎隱而有是非？道惡乎往而不存？言惡乎存而不可？道隱於小成，言隱於榮華。

此卽謂先有「成心」之存在，而後始有眞僞、是非之產生也。因而欲解決是非之對立，絕非單純由理論上之解說，所能見效，而須關涉一「轉化成心，呈顯道心」之修證工夫方能化解。而莊書中有關「轉化成心，呈顯道心」之工夫指點語實充斥於全篇，「無己」、「無功」、「無名」、「喪我」、「心齋」、「坐忘」皆是也。經此工夫之修證，「道心」卽可朗現，而其性格卽爲：

其爲物，無不將也，無不迎也；無不毀也，無不成也。其名爲攖寧。攖寧也者，攖而後成者也。（大宗師篇）

聞以有翼飛者矣，未聞以無翼飛者也；聞以有知知者矣，未聞以無知知者也。瞻彼闋者，虛室生白，吉祥止止。（人間世篇）

心之「將迎」、「以有知知」等作用，卽爲「成心」偏執之活動。如此，則外物遂於此偏執中，盡成定限。而「道心」却超脫此偏執，「以無知知」，故能「虛室生白，吉祥止止」、「無不將也，無不迎也；無不毀也，無不成也」，此卽謂於「道心」之虛靜性格下，外物皆能如如流行於其中，而一切成毀、是非，「道心」皆不加以分辨也。如此則一切定限、對待盡去，而可齊物矣。近人馮氏對「道心」超乎辨解、定限之性格，曾藉詹姆士哲學以解之：

在純粹經驗中，個體卽可與宇宙合一。所以純粹經驗（pure experience）卽無知識之經驗。在有純粹經驗之際，經驗者對於所經驗，只覺其是「如此」（詹姆士所謂"that"），而不覺其是「什麼」（詹姆士所謂"what"）。詹姆士謂純粹經驗卽是經驗之「票面價値」（face value），卽是純粹所覺，不雜以名言分別，……莊學所謂眞人所有之經驗，卽是此種。其所處之世界，亦卽此種經驗之世界也。（註二八）

馮氏以「純粹經驗」釋莊子眞人之經驗，實可適切襯出得道者超乎一切辨解、定限之境界，此亦卽齊物論篇所謂「聖人和之以是非而休乎天鈞」、「天地與我並生，而萬物與我爲一」之超乎是非，以達於「無是無非」之齊物境界也。

然而，由以上之論述，知眞人「無是無非」之齊物境界，乃經歷種種破執顯眞之工夫以達成。故其「無是無非」實爲超越現象對待之「無是無非」，而與現象界之「無是無非」截然不同也。蓋道心層次之「無是無非」乃莊子人生理想所寄之「大是」，而順任成心之「無是無非」則爲莊子所極力破除之「大非」也。

向郭莊注以「無是無非」言齊物，雖貌似莊子之說，然其情雖僞似而實大亂眞。蓋莊子之「無是無非」，乃一盡去成心之偏執，以達於道心之無執之境界，故莊書中實不乏對成心之剖析與嗟嘆。然向郭以現象意義之「性分自足」觀念爲齊物之基礎，所論證出之「無是無非」，實乃順任現象意義之「性分」，亦卽順任成心之偏執而來之「無是無非」也。故向郭云：

人自師其成心，則人各自有師矣。人各自有師，故付之而自當。

又云：

夫自是而非彼，美己而惡人，物莫不皆然。然，故是非雖異而彼我均也。

又云：

物皆自是，故無非是；物皆相彼，故無非彼。無非彼，則天下無是矣；無非是，則天下無彼矣。無彼無是，所以玄同。

此種順任成心之偏執，以言齊是非之論，已具論於前，玆不贅言。然而，「無是無非」乃應爲盡去偏執之道心所朗現之境界，若順任成心之流蕩，則縱有天花亂墜之論證，祇爲執上加執，而流爲莊子所譏之「小成」、「榮華」（註二九），豈可由此以達於道之「玄同」哉！故知莊注之順任成心、放縱成心之偏執是非，非但未能化解是非，實無異火上加油，使是非之對立愈演愈烈也。

由上所述，知莊子齊物境界之「無是無非」，乃超越於成心之偏執、對待而來之「無是無非」。此「無是無非」方能眞正消融是非之對立，故實涵有一大是大非之價値抉擇於其間也。而向郭莊注既順任現象意義之「性分」以言「無是無非」，則其「無是無非」，正乃爲成心之偏執，而爲莊子所欲轉化之「大非」。此種「無是無非」將使是非之對立益發尖銳，若欲由此以言「齊物」，實無異南轅而北轍也。而向郭與莊子之齊物觀念雖極爲貌似，然其表達方式、義理形態既有本質上之差異，則吾人於二者間之分際，豈可忽之哉！

【附註】

註　一：此處之「齊物」屬廣義，包括齊「物」與齊「物論」。前者乃一種形上學，後者則屬於認識論，而二者均要求達於「天地與我並生，而萬物與我爲一」之人生境界，故二者又均可視爲一種廣義之人生觀。

註　二：此種探討，主要見於齊物論、秋水二篇。

註　三：西方之「認識論」（theory of knowledge 或 epistemology），主要乃討論知識之來源、性質、有效性、限度等問題。此諸種問題，莊書亦有涉及，然必關係於現實人生而言之，故其基本精神之差異，實不容忽視。

註　四：此種由主體生命渾化一切對立，以見萬物性足自得、無差無別之齊物義，亦可通於向郭所言逍遙、自生之勝義。此因向郭逍遙義之「適性」觀念，自生說之「自爾」、「獨化」觀念，若就其價值意義而言，實亦同爲描述主體生命渾化一切對立後，所顯之萬物性足自得之狀，故逍遙、齊物、自生，其義一也。此又因莊子哲學之本質爲一生命哲學，故雖言有萬殊，然振葉尋根，不能不歸結於同一生命境界，而向郭逍遙、齊物、自生諸觀念之價值意義，既能相應於莊子之生命境界，故義自無別也。惟向郭往往不能謹守此種價值意義作注，而時有主觀之論，故其莊注乃自成一義理系統也。

註　五：此種現象意義之齊物義，亦通於其逍遙義之現象意義，而皆與其宇宙論意義之自生說環環相扣。

註　六：主要證據在莊注中一直未凸顯「道心」（即「眞君」、「眞宰」）之地位，而此却爲莊子價值哲學得以成立之主要基礎。

註　七：「復」原作「彼」，此依宋本改。

註　八：「則天下」三字，依焦竑本補。

註　九：詳見本章第三節。

註一〇：「彼是」猶言「是非」。

註一一：齊物論篇「彼亦一是非，此亦一是非」，向郭注云：「此亦自是而非彼，彼亦自是而非此，此與彼各有一是一非於體中也。」

註一二：此依向郭之觀點。

註一三：見氏著中國哲學史，頁六五八。

註一四：情識活動包括生理欲望、心理情緒，與意念造作等。

註一五：齊物論篇云：「夫隨其成心而師之，誰獨且無師乎？」此外，莊書亦以「人心」、「機心」、「蓬之心」、「師心」、「不肖之心」、「賊心」、「滑心」等名此產生負面價值之心。惟「成心」一詞爲人所慣用，故襲之以括其餘。

註一六：見前引養生主、天地二篇之文。此外，莊子亦有「離形去知」（大宗師）、「同乎無知」（馬蹄）、「絕聖棄知」（胠篋）、「去知與故」（刻意）、「多知爲敗」（在宥）等「反知」之言。勞思光氏謂莊子「否定認知我之地位」、「不承認知識之地位」即爲此義（見氏著中國哲學史，頁一八六）。

註一七：莊子透過對認知主體（成心）、認知媒介（語言文字）之局限性，與認知對象之流變性等問題之探討，認爲客觀知識不可能成立。

註一八：老子雖屢以嬰兒比喻得道者之境界，然此僅限於比擬，二者實不可混一，未有價值自覺之嬰兒，實不能與得道者之境界等同視之也。此猶俗眼之「見山是山，見水是水」，絕不可與慧眼之「見山是山，見水是水」同日而語也。

註一九：莊子天下篇謂愼到之道乃「舍是與非」、「不師知慮」、「至於若無知之物而已，無用賢聖，夫塊不失道」。莊子旋藉豪傑之口笑之曰：「愼到之道，非生人之行而至死人之理，適得怪焉。」由此知，依莊子之義理，對認知活動之價值並不能全面否定也。故其表面上「反知」之言論，僅爲其理論之欠圓融處，若推究其對認知活動之基本態度，當屬「超知」，而非「反知」也。

註二〇：凡落於言筌者，皆可以「論」稱之，故莊書實皆顯現爲一「論」之模式，不必定指「齊物論」而言。

註二一：如秋水篇藉北海若答河伯「然則吾大天地而小毫末，可乎？」之問，以表達大小、得失、生死等區分，於「量無窮，時無止，分無常，始終無故」之觀念中，實無任何意義，故須齊平。

註二二：以言泯言，最後歸於「相視而笑，默逆於心」之境界上之相契，乃東方哲學之特徵。此與西方哲學傳統純粹由言語上消除其本身所涵有之矛盾不同，如羅素之「類型學說」（theory of types）即企圖肯定言語傳達作用之絕對性、正確性者也。在中國，即如魏晉玄學家之多於「辯示」之理境，亦知「寄言以出意」也。（山木篇向郭注云：「夫莊子推平於天下，故每寄言以出意。」）

註二三：此時縱仍有言，亦屬「終身言，未嘗言」（寓言）也。

註二四：此段文字前，莊子云：「今且有言於此，不知其與是類乎？其與是不類乎？類與不類，相與爲類，則與彼無以異矣。」用以表明一落於言說，則是非將滋生不盡。（按：莊文中之「是」字，王夫之莊子解釋之爲「道」，憨山內篇注釋之爲「無是無非之聖人」，二解均通，可從。另「彼」字乃指「重是非之言辯者」）。

註二五：詳見本章第一節所引。

註二六：見黃師著「莊子」，頁四八。

註二七：導致此種轉變之因素，除向郭未能善體「道心」外，另有其它之因緣，參見第四章第四節。

註二八：見馮氏中國哲學史，頁二九八至二九九。

註二九：齊物論篇云：「道惡乎隱而有眞僞？言惡乎隱而有是非？道惡乎往而不存？言惡乎存而不可？道隱於小成，言隱於榮華。」

第七章　向郭之迹與冥論

由適性以達成逍遙，爲向郭人生理想之所寄，然人類旣不能離群索居，與鳥獸同群，則豈能隔絕世事而自得其所，故如何使個人生命，於人倫秩序中獲得安頓，以各遂其生，實爲一切身之問題，而亦必對此切身問題予以正視，而有圓滿之解決，方可眞正達於逍遙之人生理想也。向郭之迹與冥論著重於聖人人格、自然名敎、無爲有爲等問題之探討，卽在當時特殊之學術、社會背景，曁個人之遭遇影響下，試圖圓融解決內在之自我境界與外在之名迹間之衝突，以達於聖治理想，而使個個適性自得、逍遙自在之理論也。

第一節　向郭迹與冥論之背景

向郭之迹與冥論，表面上所探討者，乃理想之聖人人格究爲何種風範之問題，而其內涵，則爲自然與名教，抑卽無爲與有爲、方外與方內、內聖與外王、孔聖與老莊如何統一之問題（註一）。所謂自然、名教之義，陳寅恪氏釋之曰：

名教者，依魏晉人之解釋，以名爲教，卽以官長君臣之義爲教，亦卽入世求仕者所宜奉行者也。其主張與崇尚自然，卽避世不仕者適相違反。（註二）

陳氏之說，完全由政治觀點作釋，此固有其洞見，可道出魏晉談辯與政治間之緊密關係（註三）。然此猶有缺失，因當時所謂「名教」，實不僅指君臣一倫而言，而係泛指整個人倫秩序。否則，其應用於某些史實之解釋將有困難。故余英時氏乃有以下之論斷：

魏晉所謂「名教」乃泛指整個人倫秩序而言，其中君臣與父子兩倫更被看作全部秩序之基礎。不但如此，由於門第勢力的不斷擴大，父子之倫（卽家庭秩序）在理論上尤超乎君臣之倫（卽政治秩序）之上，成爲基礎的基礎了。（註四）

余氏之說顯然較陳氏爲通達，且其所謂「名教」之內涵，亦與向郭莊注迹與冥論所探討之問題較爲一致。而如何賦「自然」以新意義，使其不違於名教，且可化爲本末、體用之一貫而歸於統一，卽爲向郭惲思竭慮所欲解決者也。惟向郭此論並非前無所承，而係有其特殊之因緣，玆僅就其產生之淵源略述如下：

甲　學術背景

謝康樂辨宗論云：「向子期以儒道爲一」，此論誠不可易。然以儒道爲一，幷非始於子期，蓋名敎、自然經漢末以降之長期破裂後，玄學之士已漸有捨異趨同之傾向，故爲調和儒道之論者時出焉，向郭莊注僅係承此思潮，將儒道合一之義，推闡得更爲精詳耳。

東漢末季以迄魏晉，背名敎、反禮法，已漸成社會風尚，此種風尚之形成，因緣固有多端而未易遽定，然此輩之反禮法、背名敎，初却有一共通之點，卽彼等並非眞以自然與名敎爲對立，徒以當時之名敎，如欺人孤兒寡婦之司馬氏所代表者，已淪爲大盜竊國之資具，殊非有眞性情者所能堪，是以有激而然也。故戴逵「放達爲非道論」云：「竹林之爲放，有疾而爲顰者也。」是知彼等之反名敎，僅爲反「反名敎」，亦卽反虛僞之名敎，而未嘗專主老莊以代周孔也。吾人若觀乎當時以不拘禮敎見稱之阮籍，尚且斥隱士殉孤高之名以喪體亡生（註五），且謂「刑敎一體，禮樂內外」、「禮治其外，樂化其內」（註六）以重新肯定其所橫決之禮法，則知此輩人士之背禮法、反名敎，初乃激於世變使然，非其本情也。

其次，魏晉之世，雖玄風暢行，然瀨鄉始終未能奪洙泗之席，孔子爲聖人之觀念，依然根深蒂固，此觀乎當時人凡言「聖人」皆指孔子而言，且以「老不及聖」（註七），而於儒經亦甚鮮誹謗，其尊孔之意，居然可知矣。

孔子之聖人地位既未曾動搖，而背禮法、反名敎亦祇爲激於世變而然，非其本情，則儒家之名敎不能眞正廢棄可知矣。然老莊玄虛之風既已深中人心，而現實上之名敎亦已落爲詐僞鄙俗之資具，則虛無之旨、自然之行自爲人心所深喜。自然、名敎既兩不可失，則如何化除其矛盾而調和之，遂吸引玄學家之用心，而此種調和儒道之論乃透過對聖人人格之探討而展開矣。首發其端者爲王弼，其答裴徽「夫無者誠萬物之所資也，然聖人莫肯致言，而老子申之而已者何？」之問，曰：

聖人體無，無又不可爲訓，故不說也。老子是有者也，故恆言無，所不足。（註八）

又何劭王弼傳云：

何晏以爲聖人無喜怒哀樂，其論甚精，鍾會等述之。弼與不同，以爲聖人茂於人者，神明也。同於人者，五情也。神明茂，故能體沖和以通無。五情同，故不能無哀樂以應物。然則聖人之情，應物而無累於物者也。今以其無累，便謂不復應物，失之多矣。（註九）

此處之「聖人」顯然卽指孔子而言。孔子「體無」、「體沖和以通無」，則其聖人之地位雖未動搖，然其所體現之境界，乃爲老子「申之無已」之道理，而六經名教僅爲其應物之俗迹矣。輔嗣此種以老莊之言爲體，孔子之迹爲用，且以此體用具現於聖人一身之調和儒道之論，姑不論是否能善盡聖人之底蘊，然正可表現出其會通儒道，以調和自然名教之用心也。

輔嗣之後，爲調和自然名教之論者接踵繼起。晉書卷四十九阮瞻傳載：

（瞻）見司徒王戎，戎問曰：「聖人貴名教，老莊明自然，其旨同異？」瞻曰：「將無同。」戎咨嗟良久，卽命辟之，時人謂之三語掾。

由王戎深賞阮瞻名教與自然「將無同」之答語，知名教與自然之關係，已尋出一條溝通之途徑。阮氏之論，乃將時人心知而口不能言之意表而出之，故可打動王戎心坎，使其咨嗟良久且重用之也。

此外，如樂廣謂「名教中自有樂地」，意卽名教中仍可發揮個體之自由，不必出於放蕩滅裂之一途，此其意仍爲持調和自然名教之立場者也。而裴頠著「崇有」、「貴無」二論，其崇有論之旨，前已論之；而貴無之論今雖不傳，當不同於一般貴無之旨，其文或是糾正流行之虛無說，而使之符同於崇有之旨也。故余英時氏逕謂裴氏乃在崇有之大前提下，重新估定無之價值，而其兼論有無，則調和綜貫之意已甚顯然也（註一〇）。

由上可知，玄學之發展，下逮元康之世，已有調和儒道以折衷自然與名教之傾向。則向郭莊注迹與冥論齊一儒道、任自然而不廢名教之主張，實可反映當時之學術思潮，豈僅爲玄學家之玄談哉！

乙　社會政治背景

向郭迹與冥論乃合迹於冥，以調和本末、內外之主張，此論除反映出當時之學術思潮外，亦與當時社會政治之環境間，有一微妙之照應在。

魏晉人士雖性喜自然，希志高遠，然此輩大抵爲門第中人，爲求門第鼎盛，福祿永昌，則不能不以仕宦爲掩護。且其守身治家，勢亦不能毀名教之大防。故彼等雖以率性放任、遊心物外爲尙，然頗不主巢父許由之隱，且嚴孝悌之義。尤以司馬氏之得天下，豪門貴族擁戴之力爲多，所謂「賈裴王，亂天下；裴王賈，濟天下」（註一一）是也。故晉武帝卽位後，頗爲優假權貴，而司馬氏之政權遂與高門世族之利益打成一片。門第中人旣有現實之政治利益，則彼輩更不能毀棄護持其利益之名教矣。

名教既不可廢，而自然又爲彼等所深喜，則理想之政治家乃在於能以超世之懷而建濟世之業，所謂「居官無官官之事，處事無事事之心」（註一二）是也。故此時若有一新說，能將自然、名教兼容並包，使朝廷之富貴與林下之風流集於一身，自爲彼輩所深喜。向郭既尚玄言，而其政治背景，基本上復與門第大族之利益一致，故其迹與冥合一之論，實有爲當時門第中人之行爲立一哲學根據，使其富貴、玄遠兩得之意圖也。

其次，從漢末迄西晉百餘年間，由於連年戰亂，生靈塗炭。而居上位之君主，非但未能蘇解民困，且「役天下以奉天子」、「勞人自縱，逸遊無度」，遂逼使人們對君臣關係重作反省，而名教中之君臣一倫乃告根本動搖，終有「無君論」之出現。如阮籍之「大人先生傳」有「無君而庶物定，無臣有萬事理」之論；而與向郭約略同時之鮑敬言，亦有曩古無君無臣之世，勝於今世有君有臣，以君主爲社會一切罪惡、禍亂根源之說（註一三）。然批判君主之政治思想雖不斷出現，而人君於政治上之誅殺、恣欲却絲毫不減，遂使雙方之衝突愈演愈烈。是以向郭迹與冥論中有關君主無爲，臣下自爲之理論，當係順應當時門第力量興起之趨勢，發揮君主無爲、門第自爲之主張，以使政治方面自然與名教之衝突獲得徹底之解決也。

復次，魏晉之社會價值標準，已視方內方外爲一，無有高下之別。當時人士常以方內之士自居，時人亦不以爲卑俗（註一四）。如晉書阮籍傳載：

籍喪母，裴楷往弔之，籍散髮箕踞，醉而直視。楷弔諺畢便去，或問楷：「凡弔者，主哭，客乃爲禮，籍既不哭，君何爲哭？」楷曰：「阮籍既方外之士，故不崇禮典，我俗中之士，故以軌儀自居。」時人嘆爲兩得。

一則「不崇禮典」，一則「軌儀自居」，而時人嘆爲兩得，可見方內方外已無有高下而可兩行矣。然方內方外雖皆爲社會所接受，其間究有區別，故彼此之對立猶所難免。則如何於理論層面溝通之，使圓融無礙而減少對立，實有其必要。向郭之迹與冥論合自然、名教爲一，正可溝通此二種不同之價值，使方內、方外各得其所也。

此外，向郭調和自然名教之論，亦與其個人之出處有關。黃錦鋐師云：「此說蓋向郭自身之矛盾，欲藉莊注以解嘲耳。」又云：『莊注調和名教自然之說，實基於向郭本身「一面清談，一面招權納貨」之行爲。』（註一五）言簡意賅，極爲通達，故不復詳論。

綜上所述，知向郭之世，學術思潮已有調和儒道之傾向；而政治社會之背景，亦有折衷自然與名教之要求。「千里來龍，至此結穴」，向郭迹與冥論之奇趣玄旨，固有賴其才學之秀穎豐贍，然其承襲之迹，固不可忽之也。

第二節　向郭迹與冥論之內容

聖人人格之探討，爲魏晉時代論辯之主題，然聖人已遠，故論者所描繪之聖人風範，往往僅代表其主觀之嚮慕與理想也。向郭莊注中亦透過對聖人人格形態之探討，推闡其迹冥圓融之理論，幷以此爲標準，作爲探討自然名教，無爲有爲等問題之指標。向郭此種理論，一面固顯示出其對聖治理想之追慕，一面則可代表其對當時引起爭辯之某些社會、政治問題之立場。

甲　聖人人格之探討

向郭理想之聖人，乃集「迹」「冥」於一身，達於大成圓境之聖人。「冥」爲「體」，乃無執之心；「迹」卽應物之「用」，而惟聖人始能兩全之也。然莊書中頗多掊擊堯舜，毀棄聖賢之言，故向郭力言須善會此義，不可滯於文句。山木篇「遊於栗林而忘眞，栗林虞人以吾爲戮，吾所以不庭也」，向郭注云：

夫莊子推平於天下，故每寄言以出意，乃毀仲尼，賤老聃，上掊擊乎三皇，下痛病其一身也。

此卽謂莊生之「毀仲尼，賤老聃，上掊擊乎三皇，下痛病其一身」幷非其本意，而係「寄言出意」（註一六）之狂言，依向郭之意，世人所瞭解之聖人，徒蔽於其迹，不能透其所以迹，然離冥之迹，直死物耳，假象耳，與聖人之眞性無干也。向郭云：

法聖人者，法其迹耳。夫迹者，已去之物，非應變之具也，奚足尚而執之哉！執成迹以應乎无方，无方至而迹滯矣，所以守國則爲人守之也。（註一七）

又云：

夫畫地而使人循之，其迹不可掩矣；有其己而臨物，與物不冥矣。（註一八）

因而若執聖人之成迹以應物，非但不能隨物應化，且將為人利用，而爭端起矣。所謂「苟效聖法，則天下吞聲而闇服之，斯乃盜跖之所至賴而以成其大盜者也」（註一九）是也。故須先掊擊此離冥之迹，以「託之於絕垠之外，而推之於視聽之表」，而顯發其本也。然依向郭之意，莊生雖重冥體，遮「迹」以顯「冥」，其用意僅在使人知所體冥，由體冥而致迹，不再由法迹以致迹，并非意在凸顯一孤懸之冥體也。因冥體本身不能孤懸，若視迹為束縛，絕迹而孤冥，則冥即非冥而滯為「迹」矣。此猶如佛教小乘之怖畏生死而欣趣涅槃，即為執著涅槃，然而涅槃一旦被執持，便喪盡眞涅槃之本質也。故冥必落實於迹，亦猶佛之涅槃，即不涅槃也。德充符篇「無趾曰：天刑之，安可解？」向郭注云：

今仲尼非不冥也，顧自然之理，行則影從，言則響隨，夫順物，則名迹斯立，而順物者非為名也。非為名，則至矣，而終不免乎名，則孰能解之哉？故名者影響也。影響者，形聲之桎梏也。明斯理也，則名迹可遺。名迹可遺，則尚彼可絕，尚彼可絕，則性命可全矣。

正視此「天刑」之義，則知具體之冥，必然承體起用，而名迹斯立，如影響之隨形聲。而此乃自然之理，所謂「德充於內者，物應於外」（註二〇），豈可視冥為至高無上，使隔離成一抽象空懸之孤冥哉！

迹、冥皆不可偏滯，而惟聖人乃能既忘其迹，亦忘其所以迹，「內不覺其一身，外不識有天地，然後曠然與變化為體而無不通也」（註二一），成為理想人格之典型。大宗師篇『孔子曰：「彼，遊方之外者也；而丘，遊方之內者也。」』向郭注云：

夫理有至極，外內相冥，未有極遊外之致而不冥於內者也，未有能冥於內而不遊於外者也。故聖人常遊外以冥內，無心以順有，故雖終日見形而神氣無變，俯仰萬機而淡然自若。夫見形而不及神者，天下之常累也。是故睹其與羣物並行，則莫能謂之遺物而離人矣；覩其體化而應務，則莫能謂之坐忘而自得矣。豈直謂聖人不然哉？乃必謂至理之無此。是故莊子將明流統之所宗以釋天下之可悟，若直就稱仲尼之如此，或者將據所見以排之，故超聖人之內跡，而寄方外於數子。宜忘其所寄以尋述作之大意，則夫遊外冥內之道坦然自明，而莊子之書，故是涉俗蓋世之談矣。

由此可知，依向郭之意，莊子雖「超聖人之內跡，而寄方外於數子」以顯本，然本之「冥」固已體之於堯與孔子，故彼等雖「與群物並行」，亦能坐忘自得，以達於遊外冥內之大成圓境也。而吾人亦可知聖人之大成圓境，實爲迹卽冥，冥卽迹，雙遣二邊，不離二邊之圓極中道，程顥云：

心迹一也……………本末內外都是一理也，方是道，莊子曰遊方之外者，方何嘗有內外。如此，則是道有隔斷，內面是一處，外面又別是一處。（註二二）

程氏對莊子所下之論斷，若存而不論，則其心迹、本末、內外爲一方是道之論，實可與向郭破除偏溺於一方，而融迹冥爲一之義互相發明也。前哲所謂理至極處，橫說豎說皆得，觀乎此，豈不信然！

理想之聖人人格，既不溺於一偏，而全有迹冥於一身，兼遊於方內與方外。向郭遂以此迹冥圓融之體用觀爲基礎，中發其有關自然與名教、無爲與有爲等問題之見解（註二三）。

乙 自然名教之問題

自然名教之衝突，爲魏晉一嚴重之時代問題，而如何化解此衝突，遂吸引無數玄學家之用心。向郭亦強烈意識及此一問題，故於莊注中企圖透過其迹冥圓融之體用觀以化解之。

向郭認爲一切名教，諸如仁義禮法、度數刑名等人倫秩序，皆爲外在之形迹，時移勢異，則必因物隨變，若偏溺於此，將成民妖，淪爲姦僞之具，大宗師篇「是惡知禮意」注云：

若乃矜乎名聲，牽乎形制，則孝不任誠，慈不任實，父子兄弟懷情相欺，豈禮之大意哉！

天運篇「圍於陳蔡之間，七日不火食，死生相與爲鄰，是非其眯邪」注云：

夫先王典禮，所以適時用也。時過而不棄，即爲民妖，所以興矯效之端也。

外物篇「儒以金椎控其頤，徐別其頰，無傷口中珠。」注云：

詩禮者，先王之陳迹也，苟非其人，道不虛行，故夫儒者乃有用之爲姦，則迹不足恃也。

「迹」既爲已去之形式，古人之糟粕，是知名教之用，有時而窮，故應過時即廢，不可偏溺，順自然之理，居變化之塗，方能御乎無方也。

然向郭亦認爲若矜心於方外，厲然以獨高爲至，如隱者之流所爲，亦非無待之自然，故逍遙遊篇「窅然喪其天下焉」下，向郭注云：

若乃厲然以獨高爲至，而不夷乎俗累，斯山谷之士，非無待者也，奚足以語至極而遊無窮哉！

讓王篇「此二士之節也」下，向郭注云：

曰：夷許之弊安在？曰：許由之弊，使人飾讓以求進，遂至乎之噲也；伯夷之風，使暴虐之君得肆其毒，而莫之敢亢也。

此種以超世絕群、遺俗獨往，非眞有得於無待之自然之論，亦猶向子期答司馬文王所言「巢、許狷介之士，不足多慕」也。而此亦正爲向郭要求迹冥圓融，駁斥陷溺一偏之一貫立場也。

向郭既掊擊陷於一偏之自然、名教，乃主張自然爲所以迹，爲體，名教爲迹，爲用，而二者正可相輔相成。人間世篇目下，向郭注云：

與人群者，不得離人，然人間之變故，世世異宜，唯無心而不自用者，爲能隨變所適而不荷其累也。

大宗師篇「是惡知禮意」注云：

夫知禮意者，必遊外以經內，守母以存子，稱情而直往也。

同篇「（仲尼曰）：可矣！猶未也」注云：

仁者，兼愛之迹；義者，成物之功。愛之非仁，仁迹行焉；成之非義，義功見焉。存夫仁義，不足以知愛利之由無心，故忘之可也。但忘功迹，故猶未玄達也。

天運篇「止可以一宿，而不可以久處，覯而多者」注云：

夫仁義者，人之性也。人性有變，古今不同也。故游寄而過去則冥，若滯而係於一方則見。則而僞生，僞生而責多矣。

同篇「幸矣！子之不遇治世之君也，……而迹豈履哉」注云：

所以迹者，眞性也。夫任物之眞性者，其迹則六經也。況今之人事，則以自然爲履，六經爲迹。

繕性篇「中純實而反乎情，樂也；信行容體而順乎文，禮也」注云：

仁義發中，而還任本懷，則志得矣，志得矣，其迹則樂也。信行容體而順乎自然之節文者，其迹則禮也。

觀此數則注文，知仁義禮樂、六經節文等外在之「名教」，實皆本乎無心之自然（註二四）；而無心之自然亦必有此應迹而後始能不陷於偏滯。惟能體無心之自然，以「隨變所適」、「遊外經內」，方能不荷其累而隨時變化以遊乎無窮。向郭云：「未有遊極外之致而不冥於內也，未有能冥於內而不遊於外者也」即爲對此自然名教圓融無礙、相輔相成之寫照也。

由上可知，自然并非孤懸於方外，名教亦非無源之涸澤，遊於禮義之藩籬，未嘗無自然之玄心，端覵能否體冥以致迹耳，逍遙遊篇「藐姑射之山有神人居焉」，向郭注云：

夫聖人雖在廟堂之上，然其心無異於山林之中。世豈識之哉！徒見其戴黃屋，佩玉璽，便謂足以纓紱其心矣，見其歷山川，同民事，便謂足以憔悴其神矣！豈知至至者之不虧哉！

山林與廟堂爲一，即名教與自然爲一。外在之名教，旣不妨礙內心之自然，則二者遂可統於一身，而名教中人，亦可以「兼抱濟物性，而不嬰垢氛」（註二五）自詡矣。

丙　無爲有爲之問題

「無爲而治」之原則，乃吾國政治哲學之共同理想，惟「無爲」之內涵爲何？由何種方式以達成無爲之治？則各家之說頗不一致。因而向郭之政治觀，雖亦以「無爲」爲最高之理想，然其內容，則頗有可說焉。

前已述及，向郭理想之聖人人格，乃集迹冥於一身，達於大成圓境之聖人。同理，向郭理想之聖治，亦卽爲於無爲，於入世中超世之迹冥兩全之聖治。逍遙遊「堯讓天下於許由」一段，向郭注云：夫能令天下治，不治天下者也。故堯以不治治之，非治之而治者也。今許由方明旣治，則無所代之。而治實由堯，故有子治之言。宜忘言以尋其所況。而或者遂云：治之而治者，堯也。不治而堯得以治者，許由也。斯失之遠矣。若治之由乎不治，爲之出乎無爲也，取於堯而足。豈借之許由哉？若拱默山林之中，而後得稱無爲者，此莊老之談所以見棄於當塗，當塗者，自必於有爲之域而不反者，斯之由也。

此段注文，可謂爲向郭政治觀之綱領。堯與許由，一則「治於不治」、「爲於無爲」，一則「拱默山林」。成疏斷之曰：「堯負扆汾陽，而喪天下。許由不夷其俗，而獨立高山，圓照偏溺，斷可知矣」，圓照者，迹冥圓融也；偏溺者，獨得一「冥」耳。則其高下可立判矣。是知向郭「無爲」之聖治理想，幷非「拱默山林」之出世思想，而係於入世中出世，迹冥圓融之中道也。斯義旣明，則向郭之政治觀卽可得而言。

向郭莊注之「無爲」，非拱默山林，而係治於不治，爲於無爲，此義乃由其「適性」之觀念而來。

黃錦鋐師云：

莊子的大意，只是無爲而自得而已。無爲就是「極小大之致」，自得就是「性分之適」，這是全部莊子注的大意，當然也是郭象主觀的意見。

又云：

郭象在政治上的理想，就是以逍遙遊篇所說的「適性」爲學說的中心，和「物任其任，事稱其能」是一意相因的。因此郭象莊子注的宏旨，也就是郭象政治理論的根據。（註二六）

斯言甚是，蓋率性而動卽任其自爲，其爲「有爲」可知矣。然既各用其性，而天機玄發，故雖有爲而實無爲矣。明斯理也，則向郭之政治觀卽可綱擧目張矣。玆分述其義如下：

無爲既非拱默，政治組織遂不可廢，向郭乃有「有君論」之主張。齊物論篇「其遞相爲君臣乎？」注云：

夫時之所賢者爲君，才不應世者爲臣。若天之自高，地之自卑，首自在上，足自居下。

人間世篇「臣之事君，義也。無適而非君也，無所逃於天地之間」向郭注亦云：

千人聚，不以一人爲主，不聚則散。故多賢不可以多君，無賢不可以無君，此天人之道，必至之宜。

由此可見，向郭之「無爲」，絕非如阮籍鮑敬言所言「無君而庶物定，無臣而萬事理」之無政府思想也。

君臣尊卑之政治組織，雖有必要，然人人本性自足圓滿，順之則可，何勞待人而治。故國君幷非以己出「經式義度」，強人從己，而係君臣各守本分，各有職守，以爲於無爲。人間世篇「子綦曰：此果不材之木也，以至於此其大也。嗟乎神人，以此不材！」向郭注云：

夫王不材於百官，故百官御其事，而明者爲之視，聰者爲之聽，知者爲之謀，勇者爲之扞。何爲哉？玄默而已。而群材不失其當，則不材乃材之所至賴也。故天下樂推而不厭，乘萬物而無害也。

又在宥篇「何謂道？有天道，有人道，無爲而尊者，天道也；有爲而累者，人道也。主者，天道也；臣者，人道也。天道之與人道也，相去遠矣，不可不察也」向郭注云：

在上而任萬物之自爲也；以有爲爲累者，不能率其自得也。同乎天之任物，則自然居物上，各當所任，君任無爲，而委百官，百官有所司，而君不與焉。二者俱以不爲而自得，則君道逸，臣道勞，勞逸之際，不可同日而論之也，不察則君臣之位亂矣。

又天道篇「故古之貴夫無爲也，……上與下同道則不主」向郭注云：

夫工人無爲於刻木而有爲於用斧，主上無爲於親事而有爲於用臣。臣能親事，主能用臣，斧能刻木而工能用斧；各當其能，則天理自然，非有爲也，若乃主代臣事，則非主矣；臣秉主用，則非臣矣，故各司其任，則上下咸得而無爲之理至矣。

可知就任務而言，君臣雖勞逸不均，然卻各有本分。故若君臣對言，則君無爲，而臣有爲；若不對擧，則君臣皆屬有爲，亦皆屬「各當其能」之無爲也。換言之，向郭之「無爲」乃指君臣萬民各守本分，不蕩越於外之爲。若君臣萬民，皆能守其性分之內，以爲其所當爲，則將可達成一徹底無爲之道化政治。天道篇「以此退居而閒遊江海，山林之士服；以此進而撫士，則功大名顯而天下一也」向郭注云：

夫無爲之體大矣，天下何所不爲哉！故主上不爲冢宰之任，則伊呂靜而司尹矣；冢宰不爲百官之所執，則百官靜而御事矣；百官不爲萬民之所務，則萬民靜而安其業矣；萬民不易彼我之所能，則天下之彼我靜而自得矣。故自天子以下至於庶人，下及昆蟲，孰能有爲而成哉！是故彌無爲而彌尊也。

無爲既非拱默不爲，而係去其蕩越於性分之外之爲，以使天下彼我靜而自得，則有爲、無爲乃統於一身。而此亦卽迹冥圓融之義也。蓋有爲，迹也；無爲，冥也。爲於無爲，則乃不滯於一偏之迹冥圓融也。

向郭既重迹冥圓融之義，故無爲之迹必不可尙，尙則失無爲之旨。繕性篇「逮德下衰」注云：

夫德之所以下衰者，由聖人不繼世，則在上者不能無爲而羨無爲之迹，故致斯弊也。

此因羨無爲之迹，則滯無成有，不能成化矣。故所貴者乃在本之冥，而非末之迹也。

綜上所述，知向郭之政治觀，乃以「無爲」爲最高之理想，聖君之治，卽爲無爲之治，而此「無爲」幷非拱默山林，而係各任自爲，不蕩越於性分之外，以「爲於無爲」也。故知「適性」實可綰接有爲與無爲，而爲向郭無爲義之樞紐也。在「適性」之原則下，向郭仍肯定政治組織之必要，君臣職守、勞逸之差別，而此種外在之作爲，祇要不蕩越於性分之外，則仍不礙無爲之義旨也。而向郭此種「爲於無爲」、「治於不治」之義，實爲其迹冥圓融之體用觀之一貫表現，故若捨委心順化之體，而慕無爲之迹，則亦其所不取也。

丁　理論之缺憾

向郭之迹冥論乃一極富玄趣之理論，其對聖人人格之探討、聖治理想之追慕，均足令後人味其溢流而曠然有忘形自得之懷。然其理論猶有缺憾，而此缺憾則爲莊注理論之一貫缺憾也。

由前文所述，知向郭乃由迹冥圓融之義，以言自然與名教、無爲與有爲之調和，而其所謂自然、無爲，則爲順任眞性而不蕩越於外，故云「所以迹者，眞性也。夫任物之眞性，其迹則六經也。況今之人事，則以自然爲履，六經爲迹」、「各當其能，則天理自然，非有爲也」。然此說仍有其基本糾結，因就莊注之內容而觀，其「性」觀念之內涵，基本上乃爲「才性」之義，僅俱現象意義，而無價值意義。故若以「自然」、「無爲」本身作爲價值標準，則畢竟「性」之何種存在狀況或活動應視爲「自然」、「無爲」，殊難斷定。且適性之觀念若無限擴展，則幷反自然，反無爲之活動，亦可稱之爲「自然」、「無爲」，而其理論將自我矛盾也。如秋水篇「牛馬四足，是謂天；絡馬首，穿牛鼻，是謂人」向郭注云：

人之生也，可不服牛乘馬乎？服牛乘馬，可不穿絡之乎？牛馬不辭穿絡者，天命之固當也。苟當乎天命，則雖寄之人事，而本在天也。

觀乎莊文之原義，乃以「絡馬首、穿牛鼻」爲「以人滅天」之做作，而向郭則逕以穿絡之行爲爲自然矣。豹窺一斑，鼎嚐一臠，向郭理論之缺憾，由此可覘也。惟向郭似已有見及此，故其言「無爲」，有一極樂觀之想法，如天地篇「厲之人夜半生其子，遽取火而視之，汲汲然惟恐其似己也。」向郭注云：

厲，惡人也。言天下皆不願爲惡，及其爲惡，或迫於苛役，或迷失自性耳。然迷者自思復，而厲者自思善，故我無爲而天下自化。

此處言爲惡者，乃迫於勞役，或迷失自性，且皆能「自思復」、「自思善」，則本以「性」爲不具任何價值色彩之向郭，卻忽然有性善論之主張矣。然此豈非欲蓋彌彰，徒以彰顯其理論之糾結攪擾乎！

第三節　向郭迹與冥論之意義

魏晉玄學可稱爲吾國思想史上談玄析理最爲精闢入微之學，故其智悟所及，往往能將先秦諸家蘊而未發之義，弘暢得淋漓盡致。向郭莊注乃玄學之大宗，而其迹與冥論亦有過人之洞見，極具闡幽顯冥之功能，茲闡述其意義如下：

甲　弘暢莊學入世中超世之精義

向郭之迹與冥論，基本上乃探討如何統一內聖外王，亦即如何安頓群己關係之理論。而其迹冥圓融，合自然與名教、無爲與有爲，不偏溺於一方之主張，於消除後學對莊子無爲、自然義旨之誤解，弘暢莊學入世中超世之精義，則大有功焉。

由於莊子虛靜恬淡之生活態度，與隱者之行徑頗爲類似，且莊書中多藐姑射之山、汾水之陽之寄言，故後學往往以莊子哲學爲超然物表、與世無關之學，而莊子之自然、無爲遂亦被視爲拱默山林之消極厭世也。魏晉之世，祖尙浮虛者，往往引莊生爲同道。如莊學開創期之二位大家阮籍、嵇康之政治理論皆主張無爲、無君，嵇氏之避世，即思藉老莊之高智，以遊心於玄默（註二七），而阮氏之逍遙亦必托之於絕垠之外，亦可見當時人對莊學見解之一般也。雖二者之爲放，乃「有疾而爲顰者」，然風潮所趨，遂不可遏抑。晉書儒林傳序云：

崇飾華競，祖述虛玄，指禮法爲流俗，目縱誕以清高，遂使憲章弛廢，名教頹毀。

世說新語德行篇「王平子、胡母彥國諸人皆以放任爲達」條，劉注引王隱晉書亦云：

魏末，阮籍嗜酒荒放，露頭散髮，裸袒箕踞，其後貴游子弟阮瞻、王澄、謝鯤、胡母輔之之徒，皆祖述於籍，謂得大道之本。

此處之「虛玄」、「大道之本」，當指老莊自然、無爲之說而言。是則彼等之放浪形骸，不拘繩墨，鄙棄社會國家之事爲不足爲、不屑爲，而自視超然，皆自以爲得乎老莊之眞意矣。故向郭莊注云：

而惑者聞任馬之性，乃謂放而不乘；聞無爲之風，遂云行不如臥；何其往而不返哉！斯失莊生之旨遠矣。（註二八）

「放而不乘」、「行不如臥」，而自以爲得莊生無爲、自然之旨，卽此輩人士迷而不返之寫照也。然莊子之「自然」並非超世絕群、放浪形骸，其「無爲」亦非消極厭世以拱默山林。人倫秩序之維持、政治組織之維繫，凡此皆無所逃於天地之間，故莊子均加以肯認。如人間世篇云：

天下有大戒二：其一命也；其一義也。子之愛親，命也，不可解於心；臣之事君，義也，無適而非君也，無所逃於天地之間。是之謂大戒。是以夫事其親者，不擇地而安之，孝之至也；夫事其君者，不擇事而安之，忠之盛也。

繕性篇亦云：

古之所謂隱士者，非伏其身而不見也，非藏其知而不發也，時命大謬也。

天下篇亦云：

古之人其備乎，配神明，醇天地，育萬物，和天下，澤及百姓，明於本數，係於末度，六通四辟，小大精粗，其運無乎不在。

而對於鄙棄世事，自視超然，且自認得自然、無爲之旨者，莊子則加以貶斥。如刻意篇云：

刻意尙行，離世異俗，高論怨誹，爲亢而已矣；此山谷之士，非世之人，枯槁赴淵者之所好也。

……就藪澤，處閒曠，釣魚閒處，無爲而已矣；此江海之士，避世之人，閒暇者之所好也。

是知莊子之「自然」、「無爲」，乃不僅指主觀精神之不執不著、超乎流俗。亦且爲「育萬物，和天下，澤及百姓」、「以與世俗處」之涉俗蓋世、和光同塵。換言之，眞正之自然必涵有對人倫秩序之肯定，眞正之無爲亦必涵有澤及天下之胸懷也。若缺少如此一分對人間世之關愛，則僅爲不該不徧之一曲之士，離圓通之境固甚遠也。逍遙遊篇有一段文字頗可代表莊子心目中之圓通境界：

堯治天下之民，平四海之政，往見四子藐姑射之山，汾水之陽，窅然喪其天下焉。

此卽謂堯能爲於無爲，且連無爲亦化之，故得達於大成圓境也。內聖外王之道，本爲中國政治哲學之共同理想，莊子於此，亦不例外。

綜上所述，知莊子對群己關係之基本態度，並非消極出世之思想，而係與天爲徒，亦與人爲徒，德充於內，物應於外，於入世中超世之思想也。如此則向郭迹卽冥，冥卽迹，雙遣二邊，不離二邊之迹與冥圓融之理論，豈非能弘暢莊學於入世中超世之精義，消除後學對莊子自然、無爲義旨之誤解乎！若莊子之「荒唐之言，無端崖之辭」不止於其荒唐，「藐姑射之山」不止於神話，則向郭此種本「寄言出意」之方法以得之「隱解」，殆不虛矣。

乙　豁醒孔子無心以成化之境界

前已言及，魏晉之世，雖玄風暢行，然瀨鄉始終未能奪洙泗之席，孔子爲聖人之觀念，依然根深蒂固。故向郭所謂迹冥圓融之聖人，乃指堯、舜、仲尼而言，亦卽惟儒家之堯、舜、仲尼乃能體冥以致迹，而莊子惟能暢其狂言耳。莊子序云：

> 夫莊子者，可謂知本矣，故未始藏其狂言，言雖無會而獨應者也。夫應而非會，則雖當無用；言非物事，則雖高不行；與夫寂然不動，不得已而後起者，固有間矣，斯可謂知無心者也。夫心無爲，則隨感而應，應隨其時，言唯謹耳。故與化爲體，流萬代而冥物，豈曾設對獨遘而游談乎方外哉！此其所以不經而爲百家之冠也。

莊子雖知本，然未能體之，故僅能暢其狂言而爲「知無心者」。而惟體無者方能隨感而應，與化爲體，流萬代而冥物也。此體無者，若證之以向郭他處之注，當知卽指孔子而言，孔子體無，老莊知無，此亦猶王弼所謂「聖人體無」、「體沖和以通無」，而「老子是有者」之意；以及阮瞻所謂聖人、老莊「將無同」之說也。故以「無」會通儒道二家之理論，可謂爲魏晉人之通說也。近人賀氏「魏晉清談思想初論」云：

> 魏晉人擅二家之學而得其最高原理者，史多以「儒道」合稱，如向秀郭象張湛韓康伯皆可謂儒道兼綜。揆魏晉間所謂儒道之學，其說有二，其義則一。一爲溝通儒道二家之心性本體論，究其玄極，無礙觀同。一爲內聖外王之學或王道覇術之論。

聖人體無，老莊言無，此卽賀氏所云「溝通儒道二家之心性本體論，究其玄極，無礙觀同」也。而向郭之迹與冥論，以聖人體冥而致迹，亦卽體自然、無爲而成化，較王、阮之說，更稱完備。

內聖外王之學，乃儒道之所同重，惟一般人之見解，乃以名教屬之周孔，而將自然歸於老莊，故二者乃呈對立之勢。今向郭之迹與冥論以聖人亦有內聖之一面，故能體冥以致迹，而非僅有可見之德業，而莊生雖未體之，言則至矣。是則自然、名教僅屬本末、內外之不同，莊子、聖人俱「明內聖外王之道」（註二九），而儒道可同矣。惟向郭雖云聖人能達於迹冥圓融之大成圓境，然其所體之「冥」，乃爲老莊所常言之無心、無爲、自然，則是否聖人有此體「無」之境界，而爲王、阮所契及，爲向郭所盛發；抑或此諸人僅懾於孔聖之尊，故雖陽崇儒術，暗地則偸天換日，以陰尊道家乎？此則有待探究也。

向郭諸人僅由「體無」以界定聖人，固然未能善盡儒家心性學之底蘊（註三〇）；且「無」乃釋道所常言，故後儒頗有視此爲禁忌者。如張橫渠謂大易言幽明，不言有無，言有無者，乃老子之陋；朱子亦以講「無」者爲禪，非聖人之道；而陸象山亦云：「人非木石，安得無心？」「心當論邪正，不可無也。以爲吾無心，此卽邪說矣。」（註三一）凡此皆以聖人體無之言爲洪水猛獸者也。然此種禁忌，實無必要，蓋有無圓融乃三敎之共證，雖其間之義理形態仍有差異，然體無乃聖人所必涵有之境界，未可遽以虛妄斥之也。其說如下：

孔子之「仁」乃道德實踐所以可能之最高根據，爲民所秉彝之惻隱之心，則其爲具有好善惡惡之「實感」明矣。而儒家之道德實踐，乃以仁體流行爲最高之目標，故聖人體無之「無」，依孔門義理，並非指存有層之「無」而言，而祇能視爲仁體不執不著，如如呈現所涵有之境界，瞭解此區分（註三二），則可言聖人體無之義。

仁心之發用，固爲「好善惡惡」之實感，然爲使此「好善惡惡」之仁心表現得完美，則不能矜心於其間，因矜心則起執而私心私意見矣。故尙書洪範篇云：「無有作好，遵王之道；無有作惡，遵王之路。」此卽謂不矜心之表現方式，方爲最佳之表現方式也。是知當仁心如如呈現之際，乃不起一毫之做作與執著，孔子云：「毋意，毋必，毋固，毋我。」此之謂也。而此如如呈現，自然流行之仁心，既爲無執無著，則必然函蘊類於道家之至人體無之境界，而可謂之「聖人體無」矣。換言之，此「無」之境界，乃仁體之屬性，亦卽踐仁所臻聖境之屬性；爲作用義之「無」，非存有義之「無」也。仁心之如如呈現，自然流行，既必函蘊「無」之境界，則以乾健爲德，「知其不可而爲之」之孔子，乃有以下慕「無」之言：

子曰：「予欲無言。」子貢曰：「子如不言，則小子何述焉？」子曰：「天何言哉，四時行焉，百物生焉，天何言哉。」（論語陽貨篇）

公（指魯哀公）曰：「敢問何貴夫天道也？」孔子對曰：「……無爲而物成，是天道也。」（禮記哀公問篇）

此卽謂天地之化育，亦與聖人同有無言、無心、無執之氣象，非謂「虛無」乃萬有之本也。且若由此無心、無執之氣象以觀聖人，則亦可稱堯「唯天則大，唯堯則之，蕩蕩乎，民無能名焉」，稱舜「無爲而治者，其舜也與」矣。否則，日理萬機之堯、舜，豈眞是無爲哉！無執、無心，以使仁心如如呈現，自然流行，既爲孔門最高之境界，毋怪乎孔子最欣賞之境界，乃爲曾點所描述之「暮春三月，春服既成，冠者五六人，童子六七人，浴乎沂，風乎舞雩，詠而歸」（論語先進篇）之理想境界也。蓋此方爲「初無舍己爲人之意」、「不規規於事爲之末」（朱注）之無執、無著、無心以成化之境界，爲仁心如如呈現，「由仁義行」而非「行仁義」之如如常樂境界也。而此與老莊體無後，由虛靜心觀照萬物所朗現之藝術境界何其相近邪！難怪朱子惴惴不安，云：「曾點未便做老莊，祇怕其流入老莊」也。曾點之言，乃仁心流行所必函蘊之境界，朱子之評，顯有過於忌諱之嫌，然恰可作爲「聖人體無」之一有力旁證。

孔子此種由仁心之不執不著，以表現之無心、無執之氣象，宋明儒於受佛老刺激後，頗能正視之，如程明道定性書云：「天地之常，以其心普萬物而無心；聖人之常，以其情順萬物而無情。」王陽明亦云：「無心俱是實，有心俱是幻；有心俱是實，無心俱是幻。」（註三三）「有心俱是實」之「有心」乃指良知（即仁心）而言，良知乃實在之本體，捨此良知，則一切盡成虛幻，故云「有心俱是實，無心俱是幻」也。而「無心俱是實」之「無心」乃指作用層次之工夫，意、必、固、我之心皆非良知所發，故須將此虛妄之心化除，以使良知如如流行，呈現無執無著之境界，故云「無心俱是實，有心俱是幻」也。明道所謂之天地無心、聖人無情，亦爲此義也。此種本體義與作用義之區分，陽明弟子王龍溪最能詳辨，龍溪云：「有心俱是實，無心俱是幻，是本體上說工夫。無心俱是實，有心俱是幻，是工夫上說本體。」（註三四）工夫者，作用也，亦即「仁體」之表現方式也。「無心俱是實」正當由此義瞭解，不可混淆也。瞭解此義，則王弼之「聖人體無」，阮瞻之聖人老莊「將無同」，向郭迹與冥論之聖人體冥、體自然、無爲以致迹之義，皆可得其確解，而此本爲儒門自家之無盡藏，不必謂其攀附老莊也。

儒學之發展，經兩漢儒者汲汲於禮樂教化、經籍訓詁之耕耘，「儒教國家」之雛型已告形成，而經學之發展亦有可觀之績效。然此僅爲聖人之「迹」，若於聖人「所以迹」之意義未能正視，則一切努力將成無源之死水。故向郭迹冥圓融之體用觀，雖未能善盡儒家內聖學之底蘊，然其謂聖人有無心無爲、自然之境界，則不啻爲滔滔孟夏中之一泓清泉，可使糾纏於聖人糟粕中而不知本源者，知莊嚴之聖人尚有其清涼之一面，而平實之聖學亦有其高明之境界，則其豁醒之功，豈曰小補哉！

第四節　向郭迹與冥論之極限

向郭莊注之迹與冥論，於莊生之絕聖棄知、鄙薄仁義、毀棄禮樂，皆知其爲寄言出意之遮詮，故遮末以顯本，由本以起用，由迹冥圓融之體用觀，暢言其內聖外王之聖治理想，以調和自然與名教、無爲與有爲之衝突，其言甚美，可謂能盡玄智之圓唱，惟此義就外在之形式而言，雖能圓融無礙，若就內在之實理而言，是否眞能解決自然與名教之衝突，以達成其內聖外王之聖治理想，實大有問題。

內聖外王之理想雖爲儒道之所共契，然雙方內聖之德實有區別，而此區別則關涉及自然與名教之能否眞正調和。儒家內聖之德，可以「仁」爲代表，孔子之「仁」乃道德實踐所以可能之最高根據，爲具有惻隱之「實感」，能好善惡惡之「存有」，故其爲體，乃實有層上之「實體」、「道體」。因而儒者之開務成物，乃眞正之承體起用，外在之禮樂名教，皆爲仁體之客觀化，有其當然而不容已，定然而不可移之莊嚴一面，非祇爲主觀之應迹與權假之方便也。如是，外在之禮樂名教，乃與內在之仁心融合爲一，而服從名教亦成爲仁心必然之抉擇，此孟子所謂「禮義之悅我心，猶芻豢之悅我口」也。而「名教中自有樂地」之語，亦必如此解釋方能怡然理順。內在之仁心與外在之名教既融而爲一，則名教乃不復爲巧僞之桎梏。而係「內在道德性」自由之要求，如是則自然（註三五）與名教可一矣。此義乃孔門義理之獨特處，而爲向郭所不解。

向郭謂聖人體冥，涵無心、自然、無爲之境界，并謂聖人不偏溺於此，而有迹冥圓融之論。此義固有其貢獻，然聖人體無之超越根據，應是仁體之流行，由仁心之承體起用，以貫通境界之體用，合此二義而觀之，方能盡其蘊而得其實，非僅能以一境界之「無」視之也。向郭既僅以「體無」之標準視聖人，則孔子之所體，即老莊之所言，而孔門獨特之義遂闇而不彰。如此，非但其所言之「冥」與聖人之「體」未能相融無礙，其所肯定之「迹」，亦無本質之意義，而僅成可有可無之主觀應迹與權假之方便矣。此因老莊致虛守靜之境界，雖與客觀之人倫秩序可兩全而不相碍，然其對客觀之禮樂名教，基本上乃採取凌虛之態度，其所注意者，僅爲巧僞造作之化除，而對禮樂名教本身之客觀存在問題，并未有正面之探討，因而并不能眞正安立客觀之人倫秩序。且其與人倫秩序之不相礙，亦僅能由至人致虛守靜之主觀修養所達成，幷無客觀普徧之意義，故終無一套客觀之制度可用。不似儒家禮樂名教之創制，乃由仁體之客觀化所實現，有其必然不可移者在，而可大可久也。

綜上所述，知向郭迹冥圓融之體用觀，雖能盡玄智之圓唱，然由於其僅以無心、無爲、自然視聖人之內聖境界，未能從實有層上體認「內在道德性」之仁體，故其所肯定之「迹」，亦無本質之意義，而僅成可有可無之主觀應迹與權假之方便，是以其迹冥圓融之體用觀，亦未能眞正會通儒道以調和自然名教也。然此種對聖人仁體之隔閡，乃關涉及魏晉玄學之本質問題，亦不必深責向郭。吾人於此，知聖人境界之博大精微，有非玄言所能盡者，故迹冥圓融之論，亦有其本質上之極限可也。

【附　註】

註　一：此諸義可以自然與名教一辭括之。

註　二：見氏「陶淵明之思想與清談之關係」一文，收入陳寅恪先生論文集。

註　三：如郭象之「論語體略」，其九條佚文中，凡有七條涉及政治，中有論語原文本無關乎政治問題者。可見郭氏本身好談政治思想，而此正爲魏晉人之一般風尙。

註　四：見「名教危機與魏晉士風的轉變」，食貨月刊復刊第九卷第七、八期合刊。

註　五：見「大人先生傳」。

註　六：見「樂論」。

註　七：弘明集周顒「重答張長史書」云：「王何舊說，皆言老不及聖。」東晉孫盛之子放字齊莊，庚亮問曰：「欲何齊？」放曰：「齊莊周。」亮曰：「何不慕仲尼而慕莊周？」對曰：「聖人生知，故難企慕。」（見世說新語言語篇），此雖童子之言，然可見當時意識之一般，且此種看法，至東晉猶然。

註　八：三國志鍾會傳注引。後二句世說新語文學篇作「老莊未免於有，恆訓其所不足」所記略異而義無別。

註　九：同註八引。

註一〇：見「漢晉之際士之新自覺與新思潮」，新亞學報第四卷第一期頁一二四。

註一一：晉書賈充傳言。

註一二：孫綽稱劉惔語，見晉書劉惔傳。

註一三：見抱朴子詰鮑篇。

註一四：此觀點爲黃師錦鋐所創，詳見「魏晉之莊學」頁一七七。

註一五：見「魏晉之莊學」，頁一七八。

註一六：言意之辨乃魏晉談辯之主題，至王弼「得意忘言」之說出，而成爲玄學家首要之方法。湯用彤云：「本體論所謂體用之辨，亦卽方法上所稱言意之別」、「忘言得意之義，亦用以會通儒道二家之學」是也。（見氏著「言意之辨」）向郭由「寄言出意」之方法以會通迹冥，殆有取於此。

註一七：胠篋篇「然而田成子一旦殺齊君而盜其國」下注。

註一八：人間世篇「已乎已乎，臨人以德！殆乎殆乎，畫地而趨」下注。

註一九：胠篋篇「聖人生而大盜起」下注。

註二〇：德充符篇篇目注。

註二一：大宗師篇「此謂坐忘」注。

註二二：二程全書卷一。

註二三：自然與名教之問題，本可包括無爲與有爲之問題，然因向郭之無爲義頗具特色，故本文將不憚其煩，分而述之。

註二四：「稱情」、「任物之眞性」亦皆自然之謂，惟此說有糾結，詳後。

註二五：謝靈運述祖德詩。前二句爲「達人貴自我，高情屬天雲」。

註二六：見黃師著「郭象」，頁三八至三九。

註二七：如嵇氏秋胡詩云：「絕聖棄學，遊心於玄默。絕聖棄學，遊心於玄默。遇過弗悔，當不自得，垂鈞一壑，所樂一國，被髮行歌，和氣四塞。歌以言之，遊心於玄默。」（見全三國詩卷四）希慕老莊之情表露無餘。

註二八：馬蹄篇「而馬之死者過半矣」下注。

註二九：向郭莊子序謂莊子「明內聖外王之道」。

註三〇：詳後。

註三一：見全集卷十一，與李宰書。

註三二：道家無此區分，詳後。

註三三：陽明全書卷三。

註三四：同註三三。

註三五：即內在道德性之自由，非道家義之自然。

第八章　向郭莊注對格義時期般若學之影響

向郭莊注，前承本土發展之玄學而集其大成，下開六朝隋唐佛法鼎盛之世，於魏晉六朝思想流變上，實居承先啓後之樞紐地位。玆述其對格義時期般若學之影響如下：

第一節　人心浮動，佛學乘隙而入

向郭莊注之玄言妙旨雖至高至美，而能「發明奇趣，振起玄風」，使「儒墨之迹見鄙，道家之言遂盛焉」。然根底上僅爲一觀照、欣賞、優游之藝術精神之表現。此種玄論乃虛陳於現實生活之上層，上不在天，下不在田，僅成爲四不著邊之名士，揮灑其游離之生命才情之所依，故精神實是空虛乏力，不能使人生獲得最後之安頓。因而並未能爲悶塞之時代開出一條道路，且誘發人從現實世界游離出去，氾濫成浪漫、感性之文人生命，其結果乃如干寶晉紀總論所云：

朝寡純德之人，鄉乏不二之老。風俗淫僻，恥尚失所。學者以老莊爲宗，而黜六經。談者以虛蕩

爲辨，而賤名檢。行身者以放濁爲通，而狹節信。進仕者以苟得爲貴，而鄙居正。當官者以望空爲高，而笑勤恪。（註一）

然外在之放蕩、超脫，更暴露出內心之徬徨無主。由是人生無常之感，在所必生；死生之問題，在所必有。而此種問題之解決，絕非僅靠排遣內心愁懷之玄理玄論所能爲力。玄學發展至此，遂不復足以饜切人心，而至改弦更張之時，佛學乃乘隙而入，擔負起爲生民安身立命之重任。

第二節　理趣相近，般若學有所取資

中土佛法之興，肇始於般若一系「六家七宗」之暢行，而其年代恰爲向郭莊注「大暢玄風」之後。其興盛也，固因玄學（註二）之不復足以饜切人心，而擔負有「爲生民立命」之重任，然「般若理趣，同符老莊；而名僧風格，酷肖清流」（註三），則二者理趣相近，可以互相契接，亦爲般若學得以順利發展之主要因素也。向郭莊注既集前期玄學之大成，且居於承先啓後之樞紐地位，則於佛法之發揚光大，必有擁彗先驅之功。其影響有以下數端：

甲　莊注振起玄風，便利般若學之發展

衆所皆知，以玄學比附佛學之「格義」方式，乃般若學得以順利發展之主要因素。此因玄學之興

起，乃針對漢代哲學之繁雜、質實而顯示一種消解精神，而般若一系顯示「空」之智慧以消解小乘說一切有部對「法」之煩瑣分解，亦代表一種消解精神，故玄學之精神實最能相應般若一系之思想也。向郭莊注既能「發明奇趣，振起玄風」，將玄學發展推至最高峯，則無疑已為般若學之發芽滋長於吾土預備一良好之環境。「六家七宗」之學說，皆以「無」為立論之中心，而「無」之探討恰為魏晉玄學論辯之焦點，卽其顯例。考般若學之傳入，可遠紹至漢之末葉（註四），而其興盛，必待乎東晉，則般若乃附玄學以光大，而向郭莊注居承先啓後之樞紐，其振起玄風，有利於般若學之發展，豈不昭然可見。

乙　莊注之義理為般若學所沿襲

向郭莊注既多義旨淵玄、花爛映發之妙解，使後人不能拔理於其外，則在其如日中天之勢力籠罩下，般若學之「格義」採用莊注之說以相比附，乃順理成章之事。如支愍度所創，盛行於東晉之「心無義」（註五），僧肇「不眞空論」紹述其思想謂：

心無者，無心於萬物，萬物未嘗無。

元康「肇論新疏」釋之曰：

無心萬物，萬物未嘗無者，謂經中言空者，但於物上不起執心，故言其空，然物是有，不曾無也。

此派以萬物是「有」，肯定外在世界眞實性之主張，明與佛學「緣起性空」之根本旨趣不合。而其「無心」、「於物上不起執心」之義，却爲中土道家之通說，而爲向郭所盛發。如逍遙遊篇「孰弊弊焉以天下爲事」下，向郭注云：

> 世以亂故求我，我無心也。我苟無心，亦何爲不應世哉！

「心無義」既與佛學之根本旨趣不合，而其主張又與向郭之義雷同，則莊注之義理爲「心無義」所沿襲，當爲合理之推論。

其次，「卽色義」亦與向郭之理論極爲相契。唐君毅氏云：

> 卽色宗之關內卽色義言，「色無自性，故言卽色是空」，未言卽色是本性空；亦正如郭象之言「有之未生，不能爲生耳」。支道林言「色不自色，知不自知」，故卽色是空，則如郭象之言物我皆冥耳。（註六）

可見「卽色義」之「格義」，亦有取於向郭莊注之義理也。

此外，鳩摩羅什門下，號稱「解空第一」，結束般若三派（註七）爭論之僧肇，在不「談眞以逆俗」，要求「卽俗以見眞」（註八）之原則下，企圖統一佛學中動與靜（註九）、有與無（註一〇）、有知與無知、暨有爲與無爲（註一一）之對立，且以儒、道、釋三家聖人之境界互相印證，求融而爲一。僧肇立論之基礎，雖爲佛學義理中就客觀法境而言之「緣起性空」，與觀法上之「體法入空」（註一二），然其立論之形式，却與向郭莊注在「調和最高境界與現實之衝突」之基源問題要求下，統一眞與俗、有與無、自然與名教、無爲與有爲之對立，並以儒道二家最高境界互相印證之理論，有異曲同工之妙。故僧肇立論，乃有取於向郭之理論形式，當無可疑。

由以上之論述，知般若學之「格義」，乃有取於向郭莊注之說以相比附也。

丙　莊注「詭辭爲用」之玄智爲般若學所契接

詭辭有「邏輯之詭辭」（logical paradox）與「辯證之詭辭」（dialectical paradox）之分。「邏輯之詭辭」永涵邏輯上「惡性循環」（vicious circle）之自我矛盾；而「辯證之詭辭」則僅爲表面上之自我矛盾，實質並無矛盾，其目的乃在藉此詭譎、不正常之表意方式，經由反面之話語，以透露正言之意義，而引導人達於智慧之境，若借用黑格爾之辯證法言之，卽「否定之否定」、「矛盾之統一」也。老子所謂之「正言若反」，莊子所謂之「弔詭」（註一三），皆「辯證之詭辭」之謂。

老莊書中，透過「詭辭爲用」之玄智以表達其無爲無執之境界之言俯拾卽是。如老子云：「明道若昧」、「進道若退」、「夷道若纇」、「上德若谷」、「廣德若不足」、「大盈若沖」、「守柔曰强」、「無爲而無不爲」、「欲先民，必以身後之」、「唯不爭，故天下莫能與之爭」。此種語辭，違拗常識，違反邏輯，乍視之，若爲不經之言，然此正乃老子透過「辯證之詭辭」，由「正言若反」之方式，以表達其無爲無執之最高智慧也。其說如下：

老子認爲，無爲無執之境界乃最高之境界，在虛靜心無爲無執、不塞不禁下，萬物乃能俱生並長，各得其所，故欲成就任何事、物，積極性之爭取、追逐，僅會陷入做作、限定之偏執，而忘懷一切，無爲無執，反能成就一切也。故道德經不從分析上正面肯定「有」、「有爲」之價值；甚至對「實有」（註一四）之問題，基本上亦採取凌虛、不著之態度，而著重於探討如何彰顯無執無著之境界，以開源暢流，成就一切也。老子「正言若反」之玄智卽在此處表現，「正言」乃所要達成之目標，而「反言」並非對「正言」原則上之否定，乃係指作用上之無爲無執，亦卽表現方式之無爲無執也。故知「正言若反」之玄智，乃老子表顯其無爲無執境界之遮詮耳！其用意乃在藉此詭辭遮末以顯本，由本而起用，透過作用上之無爲無執，以達成「正言」之目標也。

老子「正言若反」之詭辭，後爲莊子所沿用，且更將老子由分解之講法所展現之詭辭，透過卮言、寓言、重言之方式，消融於謬悠、荒唐、無端崖之芒忽恣縱之描述中。莊書中多絕聖棄知、鄙薄仁義、毀棄禮法、掊擊聖人之言，然其實義，乃在藉「詭辭爲用」之遮詮，抉迹發本，以化除沾滯，使本末合一，體用不離，以保存聖智禮法而不執於聖智禮法也。此義至向郭莊注而盛發之，向郭視莊子藉「詭辭爲用」以表達之義理，皆爲「寄言以出意」之狂言。亦卽莊書芒忽恣縱之描述，其作用與老子「正言若反」之詭辭相通，同爲袪惑去執，卽遮卽顯，以達於玄同無待之論耳！故向郭乃探微索隱，暢言「以不治治之」、「以不爲爲之」、「無心而應世」、「遊外而冥內」、「無心以順有」之論，以達於卽迹卽冥，卽冥卽迹，迹冥圓融之圓極中道，而莊子「詭辭爲用」之「隱解」，其奧義乃被抉發無餘也。

佛家之般若，本質上雖與道家之玄理無干，然若捨「理」而言「慧」，則般若之「空慧」恰可與道家之「玄智」相通，二者皆藉「詭辭為用」之方式表現。故向郭抉發「詭辭為用」之玄智，於接引般若學方面，其意義實不容忽視。

向郭之後，佛教之「六家七宗」興起，以「格義」方式治般若之學，每取道家立場以觀佛教理論，故於般若本旨，尚未能契合無間。至僧肇出，始對「六家七宗」之義理作一總批判，而真正將般若學之精神昌明於中土。僧肇之主要著作有「物不遷論」、「不真空論」、「般若無知論」，前二論主要扣緊「緣起性空」一義發揮其玄旨，故本文不擬具論。而「般若無知論」則廣為辯示般若智之特性，觀其所使用之詭辭，則頗有可說焉。「般若無知論」云：

聖人虛其心而實其照，終日知而未嘗知。故能默耀韜光，虛心玄鑒，閉智塞聰，而獨覺冥冥者矣。然則智有窮幽之鑒，而無知焉；神有應會之用，而無慮焉。神無慮；故能獨王於世表；智無知，故能玄照於事外。智無事外，未始無事；神雖世表，終日域中。所俯仰順化，應物無窮。無幽不察，而無照功。斯則無知之所知，聖神之所會也。

又云：

然其為物也，實而不有，虛而不無，有而不可論者，其唯聖智乎？何者？欲言其有，無狀無名；欲言其無，聖以之靈。聖以之靈，故虛不失照；無狀無名，故照不失虛。

「終日知而未嘗知」、「智有窮幽之鑒，而無知焉」、「神有應會之用，而無慮焉」、「實而不有」、「虛而不無」，凡此諸語，已表現爲一「正言若反」之「詭辭」模式。吾人若知「詭辭」之作用，則知僧肇所謂「未嘗知」、「無知」、「無慮」、「不有」之「反言」，皆爲作用上之語辭，亦卽遮撥識心執取以彰顯般若智之「空慧」；而「終日知」、「智有窮幽之鑒」、「神有應會之用」諸語，乃指般若智之妙用。此種遮末顯本，由本起用，雙遮二邊，不離二邊之語，亦猶向郭莊注所云卽迹卽冥，非迹非冥之迹冥圓融義也。

表現般若智之最佳方式，既非從正面分析、肯定其特性，而係透過「正言若反」之詭辭，從作用上透顯其蕩相遣執之妙用，則般若之「空慧」乃可通於道家之「玄智」，而向郭探微索隱，抉發莊子「詭辭爲用」之奧義，其所盛發之「玄智」，亦無疑當爲般若學契接魏晉玄學之津梁也。

綜上所述，知向郭莊注之理趣與般若學頗爲相近，故般若學之發揚滋長於吾土，向郭實有擁篲先驅之功也。

【附　註】

註　一：晉書卷五引。

註　二：論者亦有以般若學爲玄學之一支者，故此處之「玄學」採較嚴格之定義，僅指發源滋長於吾土者（如老、莊、易學）而言。

註　三：湯用彤氏語，見「漢魏兩晉南北朝佛教史」第七章：兩晉際之名僧與名士。此語極傳神，能顯示早期般若學之風貌。

註　四：漢靈帝時，支婁迦讖始譯出般若道行品。

註　五：據陳寅恪氏「支愍度學說考」一文考訂（陳文收入「陳寅恪先生論文集」）。

註　六：見「中國哲學原論」原道篇卷三，頁九八三。

註　七：僧肇作「不眞空論」，將六家七宗約之爲三派：本無、心無、即色是也。其餘之識含、幻化、緣會則併入即色一派。

註　八：參見「物不遷論」。

註　九：物不遷論云：「必求靜於諸動，故雖動而常靜；不釋動以求靜，故雖靜而不離動。然則動靜未始異，而惑者不同。」

註一〇：不眞空論云：「雖無而非無，無者不絕虛；雖有而非有，有者非眞有。若有不即眞，無不夷跡，然則有無稱異，其致一也。」

註一一：般若無知論云：「是以般若可虛而照，眞諦可亡而知，萬動可即而靜，聖應可無而爲。斯則不知而自知，不爲而自爲矣。」

註一二：指由具體之實踐工夫呈現殊勝之般若活智下，依因待緣之一切法在此般若活智智照之下，皆以其本性如如地呈現，而其本性即是空。

註一三：齊物論篇云：「丘也與汝皆夢也，予謂汝夢亦夢也，是其言也，其名爲弔詭。」

註一四：即「存有」、「存在之存在性」。

第九章　結　論

魏晉玄學之發展，由易而老，由老而莊，愈演愈熾。至向郭莊注出，綜合前說，「發明奇趣，振起玄風」，更將玄學之發展，推至空前之高峯。且使後世研讀莊子者，率皆以向郭之注馬首是瞻。惟莊注之說，雖精奧淵深，而得專擅百代，然其「舍經而自作文」之注解方式，却另有其獨特之勝場，並可反映獨特之時代心靈，故值得吾人視爲一劃時代之獨立著作加以探究也。

向郭莊注之理論鋪陳，乃順著解決「調和最高境界與現實之衝突」此一基源問題而展開，其目的在一面提昇塵世之生命，使盤旋於空濶；一面則可認同於現實，而不與時俗相忤。職是之故，向郭之注雖多義旨淵玄，花爛映發之妙解，却往往貞定不住價值層面之意義，使高卓之玄理下儕於末流之俗情，因而價值意義與現象意義遂混而爲一，難分涇渭也。

向郭對最高境界之申發，甚能契及莊子中「至人」逍遙、齊物、獨化之化境，並能將莊書蘊而未盡之義弘揚彰揭，使莊子所標舉之人生境界，透過玄理之解析，推闡至極致，令人興「莊周不死」之嘆，此乃向郭莊注精卓之處。然向郭對此境界之契及，並非經由工夫上之深刻沈潛，而係透過思辨上之智解妙悟，並將智悟所及之最高境界（註一）鋪陳開來，當下賦予芸芸衆生，視爲永不退轉之現實存在。至人之最高境界既被視爲芸芸衆生永不退轉之現實存在，價値意義與現象意義乃告混淆，而向郭即由此以縚接最高境界與世間俗情，使融而爲一也。

爲推闡「縚接最高境界與世間俗情爲一」之論點，向郭亦憑藉論證方式以建立其莊注之理論體系，且希冀由此以發揮其由「適性」之觀念所貫串之逍遙、自生、齊物、無爲、自然之義。然莊子生命哲學之本質乃以工夫實踐爲其命脈，故逍遙、自生、齊物、無爲、自然皆非得之於冥想、思辨，而係主體生命所開發之人生境界，若不就此人生境界闡釋之，卽爲無根之浮談。因而向郭之論證雖極爲縝密精詳，然仍與莊子生命哲學之本質扞格不入，而陷於滯礙難通之境也。惟向郭莊注相對於莊義而言雖屬歧出，吾人正可藉此以窺探其理論背後所涵蘊之時代心靈也。

向郭莊注雖未能善盡莊子生命哲學之底蘊，然却代表人類心靈於四顧無依中，於層層枷鎖下，試圖超脫現實並穩定現實之努力。而其至高至美之玄論，亦能表現人類超脫、優游於現實上之藝術情懷。此雖於人生價値之完成，尙有所欠缺（註二），却爲人類智性與美感極高度之發揮，而彌足珍貴也。

魏晉玄風在向郭莊注之激盪下，更滙成怒潮澎湃之洪流，順此流而下，玄學之內容勢必有更深刻化之發展，而理趣同符老莊，思想更加縝密之般若學，遂寖寖然欲取代老莊之地位而獨擅談座矣。支遁之逍遙遊新義取向郭逍遙義而代之，已可透露此中訊息：「六家七宗」之格義佛學興起，更可覘出思想潮流之走向。而向郭莊注居於承先啓後之樞紐，亦可由此窺見一般也。

總之，向郭莊注綜合前說，「妙析奇致，大暢玄風」，並爲般若學興盛之津梁，故於魏晉玄學之發展上，實居於承先啓後之樞紐地位。且其義理義旨淵玄，花爛映發，亦無異於原著之再創造，故莊子之學得由沈寂而趨於衍盛，向郭之注實大有功焉，善哉明文震孟云：「夫惟莊子注郭象，象注所以傳；若使郭注莊子，則吐棄時賢久矣。」（註三）本文既於向郭莊注之淵源、內容、意義、影響，皆有詳細之論述，且於向郭與莊子義理之分際亦有精密之比勘，則向郭莊注之義理特色暨魏晉玄學流變之關鍵，或可因之獲得釐清，而後人於道家之生命哲學與魏晉玄學間之分際，亦可知所取捨也。

【附註】

註一：即「至人」之化境。

註二：西哲齊克果以人生包含三階段，即感性之階段、宗教A（倫理）之階段、宗教B之階段，其中感性之存在有二特徵：一爲浪漫之享樂主義；一爲抽象之理智主義。然終必面臨空虛與無意義，故須向上躍進超升。可資參證。

註三：見文震孟序歸有光「南華眞經評注」。

參考書目

壹

莊子注　郭象　藝文印書館　宋刻南華眞經本
南華眞經注　郭象　商務印書館　四部叢刊本
南華眞經注疏　郭象注、成玄英疏　藝文印書館　古逸叢書本
莊子集釋　郭慶藩　河洛出版社　排印本
沙州諸子廿六種郭象注莊子殘卷部分　郭象　日本弘文堂書房　影印巴黎圖書館藏本
郭象莊子注校記　王叔岷　商務印書館　排印本

※　※　※　※　※　※

中國歷代思想家（一六）郭象　黃師錦鋐　商務印書館
郭象莊學平議　蘇新鋈　學生書局
陳寅恪先生論文集　陳寅恪　九思出版社
（內收「逍遙遊向郭義及支遁義探源」一篇）
莊老通辨　錢穆　三民書局

（內收「王弼郭象注易老莊用理字條錄」、「郭象莊子注中之自然義」二篇）

魏晉玄學論稿　湯用彤　廬山出版社

（內收「向郭義之莊周孔子」、「魏晉玄學流別略論」二篇）

才性與玄理　牟宗三　學生書局

（內收「向、郭之注莊」一篇）

竹林七賢研究　何啓民　學生書局

（內收「向秀研究」一篇）

莊子及其文學　黃師錦鋐　東大圖書公司

（內收「關於莊子向秀注與郭象注」、「魏晉之莊學」二篇）

郭象的哲學　馮友蘭　哲學評論一卷一期

中郭象注莊子不盜向秀義　劉盼遂　文字同盟第十期

郭象莊子注是否竊自秀檢討　楊明照　燕京學報第廿八期

莊子向郭注異同考　王叔岷　國立中央圖書館館刊第一卷第四號

莊子注的作者問題　張亨　漢學論文集

※　※　※　※　※　※

兩晉清談　沈杲之　廣文書局

魏晉的自然主義	容肇祖	商務印書館	
魏晉思想論	劉大杰	中華書局	
魏晉思想與談風	何啓民	學生書局	
魏晉清談思想初論	賀昌群	九思出版社	
魏晉清談述論	周紹賢	商務印書館	

貳

莊子音義	陸德明	藝文印書館	抱經堂叢書本
莊子口義	林希逸	弘道文化事業公司	道藏本
南華眞經義海纂微	褚伯秀	藝文印書館	道藏本
莊子翼	焦竑	廣文書局	金陵叢書蔣氏校印本
南華眞經正義	陳壽昌	新天地出版社	光緒十九年刊本
莊子纂箋	錢穆	作者印行	排印本
莊子讀本	黃師錦鋐	三民書局	排印本
※	※	※	※
※		※	
莊子解故	章炳麟	藝文印書館	

莊子斠補	章炳麟	藝文印書館	
莊子補正	劉師培	商務印書館	
莊子校釋	王叔岷	台聯國風出版社	
莊子篇目考	張成秋	中華書局	
※　※	※	※	※
莊子哲學	陳鼓應	商務印書館	
莊子哲學探究	陳鼓應	作者印行	
逍遙的莊子	吳怡	新天地出版社	
中國歷代思想家（四）莊子	黃師錦鋐	商務印書館	
老莊哲學	胡哲敷	中華書局	
老莊哲學	吳康	商務印書館	
老莊思想論集	王煜	聯經出版社	
禪與老莊	吳怡	三民書局	
※　※	※	※	※
周易注	王弼、韓康伯	藝文印書館	阮刻十三經注疏本
周易略例	王弼	中華書局	相臺岳氏家塾本

論語注疏	何晏集解、邢昺疏	藝文印書館	阮刻十三經注疏本
論語集解義疏	何晏集解、皇侃疏	世界書局	排印本
經典釋文	陸德明	商務印書館	四部叢刊本
史記	司馬遷	藝文印書館	集解本
漢書	班固	藝文印書館	補注本
後漢書	范曄	藝文印書館	集解本
三國志	陳壽	藝文印書館	集解本
晉書	房玄齡	藝文印書館	斠注本
老子注	王弼	藝文印書館	古逸叢書本
老子微旨例略	王弼	藝文印書館	道藏本
論衡	王充	商務印書館	四部叢刊本
人物志	劉劭	商務印書館	四部叢刊本
列子注	張湛	商務印書館	四部叢刊本
抱朴子	葛洪	中華書局	四部備要本
肇論	僧肇	永康出版社	影印本
阮步兵詠懷詩注	黃節	藝文印書館	排印本

嵇中散集　嵇康　商務印書館　四部叢刊本
世說新語校箋　楊勇　樂天出版社　排印本
文選注　李善　藝文印書館　宋淳熙本
高僧傳　釋道宣　臺灣印經處　影印本
全上古三代秦漢三國六朝文　嚴可均　世界書局　縮印清光緒甲午年黃岡王毓藻刊記本
玉函山房輯佚書　馬國翰　文海出版社　影印清同治濟南皇華館書局補刻本

※　※　※　※　※　※

中國哲學史　馮友蘭
中國學術思想史綱　林師景伊　作者印行
中國學術思想史論叢　錢穆　東大圖書公司
中國藝術精神　徐復觀　學生書局
中國哲學原論（導論篇、原性篇、原道篇）　唐君毅　學生書局
中國哲學史　勞思光　三民書局
中國思想史　韋政通　大林出版社

中國哲學問題	安樂哲	商務印書館
中國中古哲學史綱要	韓逋仙	正中書局
中國思想通史（第三卷）	侯外廬	中研院傅斯年圖書館藏
國史大綱	錢穆	商務印書館
歷史哲學	牟宗三	學生書局
兩晉南北朝史	呂思勉	開明書局
魏晉南北朝史	勞榦	華岡出版社
中國中古文學史講義	劉師培	大新書局劉申叔先生遺書
漢魏兩晉南北朝佛教史	湯用彤	商務印書館
佛性與般若	牟宗三	學生書局
章氏叢書	章炳麟	世界書局
貞元六書	馮友蘭	明倫出版社
梅園論學續集	戴君仁	藝文印書館
高明文輯	高師仲華	黎明文化事業公司
性空學探源	釋印順	慧日講堂
中觀論講記	釋印順	慧日講堂

歷代名人年里碑傳總表　姜亮夫　商務印書館
西洋哲學史稿　謝幼偉　文津出版社
西洋哲學史　鄔昆如　正中書局
康德知識論要義　勞思光　河洛出版社
史學與史學方法　許冠三　萬年青書廊
史學方法論叢　黃俊傑　學生書局

※　※　※　※　※　※

荊州學派對三國學術之關係　王韶生　崇基學報四卷一期
論漢晉以來之崇尚談辯及其影響　牟潤孫　香港中文大學出版
漢晉之際士之新自覺與新思潮　余英時　新亞學報四卷一期
名教危機與魏晉士風之轉變　余英時　食貨月刊復刊九卷七、八期合刊
魏晉玄學與個人意識醒覺之關係　逯耀東　史原第二期
正始之音與魏晉學風　林耀曾　幼獅月刊四七卷二期
清談考　朱寶樑　幼獅學誌四卷一期
清談與魏晉政治　繆越　中山文化研究彙刊第八卷
阮籍和他的達莊論　黃師錦鋐　師大學報第二十二期

從「崇有論」看魏晉玄學　蕭欣義　民主評論十卷二十一期
列子辨僞　朱守亮　師大國研所集刊第六號
論文化蛻變兼述我國歷史上的第一次文化大革新　沈剛伯　中山學術文化集刊第一期